지나칠 바엔
기록할래

강송희 작문에세이

FOREST
WHALE

목차

1장
글쓰기의 기본은 프롤로그

프롤로그 : 지나칠 바엔 기록할래	007
출퇴근길 지하철에서 일기를 쓰다	012
1,000개의 메모를 모으면 할 수 있는 일	028
내 글이 MBC 라디오 오프닝에 소개 됐다구요?	042
굿즈를 만들기 위해 꺼낸 파워 포인트	054

2장
가장 정적이지만, 가장 소란한

똑똑, 제 책도 받아 주시나요?	071
첫술에 배부를 수는 없지만	081
대형 출판사에서 보내온 메시지	085
공모전에 도전할 용기	102

3장
이유 없이 쓰고 이유를 덧붙인다

글쓰기를 어렵게 느끼는 여러분에게 보내는 편지	125
글감이 되는 소재를 찾는 방법	141
한 개의 글에는 하나의 주제를 담아야 한다	150
나만의 표현법 만드는 연습하기	154

4장
쓰는 방향으로 걸어간다

상업 작가가 되기 위해 알아야 할 세 가지	163
결국 중요한 건 스토리텔링	183
클라이언트도 결국, 사람이다	214
마감의 늪에서 피어나는 책임	223

5장
글쓰기의 마무리는 에필로그

일상에 글쓰기 습관을 녹이는 방법	233
to do list 작성	238
출간을 위해 준비해야 할 것들	243
에필로그 : 포기할 바엔 시작할래	251

1장

글쓰기의 기본은 프롤로그

프롤로그 :
지나칠 바엔 기록할래

"아무것도 하지 않으면 아무 일도 일어나지 않는다."

 출퇴근길, 'Just do it!'을 외치는 나이키 카피를 보며 '제발. 아무 일도 일어나지 않게 해주세요.'를 외쳤던 나의 첫 직장은 엔터테인먼트 업계였다. 10년이 지난 지금이야 '그땐 그랬지.'라고 웃으며 말할 수 있게 되었지만, 돌이켜보면 당시 사회 초년생이었던 나에게 엔터 업계는 쉽지만은 않은 바닥이었다는 생각이 들 정도로 스물한 살, 첫 회사 생활은 녹록지만은 않은 경험이었다. 이렇게 말하면 이 글을 읽는 사람들은 힘든 일 밖에 겪지 못했었나, 싶은 생각이 들 수도 있겠지만 그건 아니다. 다만 그때의 내가 힘들었던 건 내가 아무것도 갖추지 못한 어리고 여린 사람이었기 때문이었다고 생각할 뿐이다. 그러나 백지 같은 사람이었기에 그만큼 얻은 것도 많았다. 10년이나 지난 케케묵은 기억을 일일이 적어 내려갈 수는 없겠지만 거래처에 메일 보내는 방법도 몰랐던, 어리숙하기 짝이 없었던 내가 2년 반이라는 시간 동안 1인분을 해낼 수 있는 사람으로 성장할 수 있었던 것, 10년이 지난 지금도 당시 나의 사수였던 직장 상사분을 만나 삶을 이야기할 수 있게 된 것, 이 커다란 행운이 없었더라면 지금 이렇게 이 글을 쓰고 있지도 못했을 테니 말이다.

처음부터 작가가 되고 싶었던 것은 아니었다. 당시 사회적 경험도, 업무 스킬도, 단단한 멘탈도 없이 모든 것이 부족했던 나는 감정을 토해낼 무언가, 이를테면 감정 쓰레기통 같은 것이 필요했고 그래서 출퇴근길 지하철에서 매일매일 휴대폰 메모장을 켜 그 누구에게도 말하지 못했던 속에 있는 마음을 옮겨 적었다. 그리고 그 루틴은 내 인생을 완전히 뒤바꾸어 놓았다. 그날 이후 지금까지 10년째 작가로 살아가고 있으니 말이다.

지금쯤 기획사 CEO가 돼 있을 것이라고 생각했던, 패기만 앞섰던 어린 날의 내가 설마 10년 째 글밥으로 먹고사는 작가가 될 줄 누가 알았을까. 하지만 그 시절을 지나 작가의 길을 걷고 있는 지금의 나는 앞으로도 영원히, 어떤 식으로든 글을 쓰는 삶을 이어갈 것 같다고 생각하는 사람이 되었다. 가능하다면 죽을 때까지. 이를 확언할 수 있는 이유는 글을 쓰는 행위는 이제 나에게 단순히 돈을 버는 수단이 아닌 삶에 늘 함께하는 동반자 같은 존재가 되었기 때문이다. 뭔가 거창하게 말하게 되는 것 같지만 궁극적으로 말하고 싶은 바는 단 하나다.

글쓰기는 결국 치유의 과정이라는 것.

글을 씀으로써 마음의 위안을 얻었던 경험을 해본 사람이라면 이 말이 무슨 의미인지 알 것이다. 이 글을 접하게 될 누군가는 상업 작가로서의 꿈을 꾸고 있을 것이고, 또 다른 누군가는 글쓰기에 이제 막 관심이 생긴 사람일 수도 있다. 그러나 어떤 이유에서 이 책을 집어 들었건, 나는 이 글을 읽게 될 사람들이 글쓰기가 치유의 과정이라는 것을 깨닫게 되기를 소망한다. 그것을 깨달을 수 있다면, 글쓰기가 우리에게 줄 수 있는 위로의 크기가 얼마나 큰지를 경험할 수 있다면, 물질적인 것, 결과중심주의인 사회적 시선에 잘 보이기 위해 고군분투하며 스스로를 괴롭히는 삶을 살고 있는 우리가 성과에 집착하지 않고도 아주 오래도록 글쓰기를 이어갈 수 있는 힘을 얻게 될 것이기 때문이다. 그리고 그 힘은 결국 나를 사랑하게 되는 힘으로 이어지리라 확신한다. 글쓰기를 통해 우리가 얻을 수 있는 가장 가치 있는 것은 나를 알아가는 과정이라 믿기 때문이다.

나는 나에 대해 얼마나 알고 있을까.
내가 좋아하는 게 무엇인지, 싫어하는 것은 무엇인지, 사랑을 할 때는 어떤 모습이 되는지, 사회적으로는 어떻게 보여지고 싶은 사람인지, 혼자 있을 때와 누군가와 있을 때의 모습은 어떻게 다른지, 내가 되고 싶은 모습과 실제 내 모습은 얼마나 비슷하고 또 얼마나 다른지. 우리는 이 질문에 쉽게 답할 수 있다고 믿고 있을지 모르지만 어쩌면 그 답은 때로, 진실된 답이 아닐 수도 있다. 삶이 어렵게 느껴지는 이유는 사실 어려운 것이 아니라 내가 나를 잘 모르겠다고 생각하는 순간에 밀려드는 불안 때문일지도 모른다. 그 불안은 스스로 마주하고 들여다보지 않는 한 해소될 수 없다. 글을 쓰는 과정은 그 불안을 마주하고 해소하는 과정이다. 나는 이 경험을 10년 전에도 했고, 지금도 하고 있으며, 앞으로도 할 예정이다. 그리고 이 책을 통해 많은 사람과 이 과정을 함께 하고 싶다.

이 책은 계속 쓰는 삶에 대한 이야기다. 힘을 주지도, 멋을 내려 애쓰지도 않은 날 것 그대로의 생각을 덤덤하게 적어 내렸다. 글쓰기는 환상이 아니다. 지극히 현실적인 일이고 그 어떤 일보다 꾸준히 해내기 힘든 일이다. 그러나 그 어떤 순간에도 꾸준히 옆에 있어 주는 든든한 동반자 같은 일이기도 하다. 멋은 조금 없을지언정 계속 써 나가는 삶에 대한 묵묵한 마음을 나눌 수 있다면, 이 말을 공감하는 누군가가 생길 수 있다면, 그것만으로 나는 또 하루 더 글을 계속 써 나아가야 할 이유를 찾게 될 것 같다. 부디 이 바람이, 사치스러운 마음이 아니기를.

출퇴근길 지하철에서 일기를 쓰다

"넌 언제 일기를 써?"

글쓰기가 업이 된 이후 일기 같은 건 써본 적 없는 나에게 어느 날 지인이 물었다. 그 말에 1차원적으로 '안 쓰는데?'라고 답했다가 문득, '아니지, 아무 때나 라고 하는 게 맞는 것 같아.'라고 답했던 기억이 난다. 그러자 지인은 이렇게 말했다. 치열한 하루를 보내고 종일 있었던 일을 차분하게 정리할 시간이 좀 필요하지 않으냐고. 그래서 나는 되물었다.

"그때그때 쓰지 않으면 어떻게 순간의 감정을 기록할 수 있어?" 라고 말이다.

지인과의 대화를 나눈 뒤로 나는 사람들이 글쓰기를 어려워하는 이유가 여기에 있다고 생각하게 되었다. 대부분의 사람들이 일기를 잠들기 전에 쓰는 이유는 '글을 쓰는 행위' 자체를 '각 잡고', '시간을 내서', '생각을 충분히 한 후에' 써야 한다는 심리가 기저에 깔려 있어서라고 생각했기 때문이다. 이는 곧, 글쓰기가 어렵게 느껴지는 이유 역시 지인이 말한 것처럼 글이라는 것은 각을 잡고 시간을 내서 생각을 충분히 한 후에 써야 잘 쓴 글이라고 생각하는 심리와도 이어진다고 생각한다. 쉽게 말해서, 글을 쓰기 전부터 '잘 써야 한다.' 라는 무언의 압박이 글쓰기를 주저하게 만든다는 것이다.

물론 좋은 글이라는 것은 생각을 충분히 한 후에 쓴 글이어야 하는 것은 맞다. 다만 생각을 충분히 하는 시기가 꼭 글을 쓰기 전일 필요가 있을까? 라고 묻는다면 나는 단언컨대 '그렇지 않다.'라고 말할 것이다. 내가 생각하는 좋은 글이란 퇴고를 많이 한 글이기 때문이다.

좋은 글이라는 것은 한 번에 나올 수 없다. 그래서 나는 글쓰기를 부담스럽게 여기는 사람을 만나면 늘 이렇게 말하고는 한다. "어차피 퇴고할 거, 일단 생각나는 대로 써보세요."라고 말이다. 이렇게 생각하다 보면 글쓰기를 부담스러운 일로 생각하지 않게 되고, 글을 쓰는 시간을 일부러 내지 않아도 출퇴근 시간의 버스나 지하철 안에서 짬짬이 오늘 있었던 일을 회상하면서 그때그때 느꼈던 감정을 감정 쓰레기통처럼 나열해 볼 수 있게 된다. 그리고 나는 그것만으로도 작가의 길에 한걸음 가까워진다고 생각한다. 내가 그랬으니까.

아주 사소한 기록, 그것이 글쓰기의 시작이었다.

여느 사회 초년생들이 다 그러하듯, 나에게도 첫 회사 생활은 정신없는 나날의 연속이었다.

눈을 뜨면 출근 준비하기에 바쁘고, 지하철을 타면 꾸벅꾸벅 졸기 일쑤고, 잔뜩 긴장한 상태로 종일 회사에서 맡은 업무를 처리하고 나면 녹초가 되어 다시 지하철에 오르기를 반복했다. 하루하루 무언가를 하고 있기는 한데 이게 잘하고 있는 게 맞는 것인지. 나는 제대로 나아가고 있는 게 맞는지. 이 길이 나의 길이 맞긴 한 것인지. 수많은 불안과 고민이 어지럽게 발목을 붙잡았던 시기였고 왜 나만 이렇게 부족한 것인지, 남들은 척척 주어진 일을 잘 해내기만 하는데 나는 왜 여전히 제자리걸음 하는 것 같은지. 나를 향한 엄격한 잣대가 누가 뭐라 하지 않는데도 자꾸 스스로를 작아지고 주눅이 들게 만들었던 시기였다.

언제부터 휴대폰 메모장에 글을 쓰기 시작했는지는 기억나지 않는다. 누가 알려주지 않았는데도 어느 날 메모에 글을 쓰고 있었으니까. 어쩌면 지하철 의자에 앉아 멍하니 건너편 사람이 꾸벅꾸벅 졸고 있는 모습을 쳐다보던 순간이었는지도 모른다. 술에 취한 직장인이 애인과 통화를 나누며 우는 모습을 보게 된 날이었을지도 모른다. 야근을 마치고 집으로 돌아가는 길, 무거운 머리를 내 어깨에 기대는 옆자리 사람의 머리에 나도 모르게 내 머리를 기대어 잠시 눈을 감았던 순간이었을지도.

평소였다면 내 어깨에 자꾸 머리를 기대어오는 옆 사람이 부담스러워 괜히 어깨를 빼내었을 텐데, 어느 날엔가는 그 기댐이 위로처럼 느껴졌던 날이 있었다. 얼굴도, 나이도, 아무것도 알지 못하지만 그냥 일상이 조금 지친 사람. 나 같은 사람. 그런 생각이 들자 그냥 어깨에 조금 머리를 기대도록 내버려두고 싶어졌다. 그래서 그 사람이 자다 말고 허겁지겁 문을 박차고 뛰쳐나갔을 때, 나는 휴대폰 메모장을 켜 그 순간 느꼈던 감정을 기록했다.

세상에 상처 없는 사람이 어디 있어.

왜 그런 문장이 떠올랐는지는 알지 못했지만, 그저 떠오르는 생각을 붙잡고 싶다는 막연한 마음이 불쑥 올라왔다. 그리고 이 첫 문장은 집으로 가는 지하철 안에서 한 편의 글이 되어 훗날 첫 에세이에 수록되었다.

세상에 상처 없는 사람이 어디 있어.
원래 누구나 자기 상처가 제일 아픈 법인데.
조금씩 아프고, 슬프고, 부족한 사람끼리 서로 위로하

고, 다독이면서
그렇게 하루하루 살아 보는 거지.
인생이 뭐 별거 있나.

 돌이켜 생각해 보면 '나만 힘들게 사는 건 아니구나.'라는 생각이 들어서였던 것 같다. 만약 그때의 내가 출퇴근길에 글을 쓰지 않았더라면, 나와 비슷한 처지에 있는 사람들을 관찰하지 않았더라면, 그 마음을 사람들과 나누고 그를 발판 삼아 기어이 책으로 만들지 않았더라면, 나는 지금쯤 글쓰기를 멈추었을지도 모른다.

 휴대폰 메모장에 글을 쓴 순간은 비단 누군가에게 위로를 받았던 순간만은 아니었다. 지하철역 안을 이동할 때면 느껴졌던, 북적이는 사람들의 틈바구니에서 고스란히 전해지는 누군가의 짜증과 미묘하게 날이 서 있는 분위기, 꿉꿉한 공기와 날 선 감정들. 그 모든 것을 눈으로 귀로 피부로 흡수하며, 그때그때 느꼈던 감정들을 날 것 그대로 메모장에 담았다. 하지만 언제나 글쓰기의 끝에는 '그럼에도 불구하고' 타인을 향한 배려들이 발견된 순간에 대한 기록이 담겼다. 이것을 인지하고 난 후 내가 나에 대해 깨닫게 된 한 가지는 나는 부정적인 상황보다는 긍정적인 상황을 선호하는 사람이라는 것이었다. 그러니까 아무리 힘든 상황일지라도 그 안에서 한 가지 정도는 희망적인 일을 발견할 줄 아는 사람이라는 것이었다. 내 주변을 둘러싸고 있는 사람들이 어딘가 예민하고 곤두서 있는듯한 분위기를 풍기는 와중에 서로를 배려하려는 마음을 발견하게 될 때면 나는 막연하게나마 내가 발견한 그 순간들을 기록으로 남겨 언젠가 여유 없이 살아가고 있는 불특정 다수의 사람들에게 나누어 주고 싶다고 생각했던 것 같다.

"출근길에 사람으로 인한 교통체증을 느끼고 있다면, 우리는 여러 생각을 한다."

이 첫 문장을 휴대폰 메모장에 기록했을 때, 나는 북적이는 지하철 에스컬레이터 위에 서 있었다. 밀물과 썰물처럼 드나들며 에스컬레이터와 계단을 오르내리는 사람들의 모습이 내 눈에는 꼭 위태롭게 출렁이는 파도처럼 보였다. 철썩철썩 파도를 치듯 서로의 옷깃을, 어깨를 스치며 각자의 목적지를 향해 바쁘게 이동하는 사람들의 미간에는 '내 천' 자가 그려져 있었다. 그리고 나는 구겨진 사람들의 미간에서 여유 없는 마음을 보았다.

 저 사람들은 어디로 향하고 있는 것일까. 그 도착지에서 무슨 일이 기다리고 있기에 저렇게 미간을 구긴 채 이동하고 있는 것일까. 그런 생각을 하던 중 문득, 눈에 들어온 장면이 있었다. 상대적으로 더 바쁜 사람을 위해 암묵적으로 에스컬레이터의 왼쪽 줄에 서 있던 사람들이 단체로 걸어서 올라가기 시작한 순간이었다. 당시 나는 에스컬레이터의 오른쪽에 서 있었는데, 왼쪽 줄에 서 있던 어느 한 사람이 어딘가 초조한 표정을 하고서는 줄 앞쪽을 기웃거리기 시작했다. 그리고 그를 눈치챈 앞사람이 위쪽으로 올라가려는 듯한 제스처를 취하자 그 앞사람의 앞사람이, 또 그 앞사람의 앞사람의 앞사람이, 줄줄이 마치 이해했다는 듯 에스컬레이터를 걸어서 올라가기 시작했고 자연스레 왼쪽 줄의 사람들은 에스컬레이터를 걸어서 올라가는 줄로 뒤바뀌기 시작했다. 나는 그들의 오른쪽에 서서 그 광경을 목격하면서, 타인을 향한 배려와 이해, 그리고 공감을 보았다. 그것은 구태여 입 밖으로 자신의 상황을 내뱉지 않아도 서로에게 전해지는 새로운 언어였고, '나도 저렇게 바쁜 날에는 마음이 조급해지고는 하지.'라는 마음을 암묵적으로 공유하는 일종의 공감의 현장이었다.

 누구의 불평불만도 없이 당연하다는 듯 모두가 에스컬레이터를 걸어 올라가는 장면을 바라보며, 나는 내 맘 같지 않다고 느껴지는 일상 속에서도 어쩌면 사실, 조금은 내 맘 같은 일들을 겪으며 살아가고 있을지도 모른다는 생각을 했다. 그것이 나를 힘들게 만드는 일에 비해 너무나도 사소하고, 소소하고, 지극히 일상적인 일이어서 눈치채지 못한 채 그저 흘려보내고 있을 뿐. 실은 우리의 일상 곳곳에, 자세히 들여다보면 아주 자주, 조금은 내 맘 같은 순간이 펼쳐지고 있을지도 모른다고. 그런 생각을 하자 어쩐지 마음 한구석이 따뜻해지는 것 같았다. 그 순간의 감정이 너무 소중해서 나는 메모장에 글을 써 내려갔다.

출근길에 사람으로 인한 교통체증을 느끼고 있다면 우리는 여러 생각을 한다.

'누가 이렇게 밀어대는 거야?' 혹은 '나 하나쯤 민다고 누가 알아보기나 하겠어?' 같은 감정처럼 말이다.
나는 에스컬레이터에 가만히 서서 가고 싶은데 앞사람이 걸어 올라가는 통에 뒷사람에게 눈치 보여 걷게 된다든지, 혹은 나는 바빠 죽겠는데 눈치 없는 앞사람은 걸어 올라가 줄 생각 따윈 없어 보인다든지.

살아간다는 것도 비슷한 것 같다.
내 맘 같지 않은 일이 새삼, 따져보니 이렇게나 많았나 싶은 순간이 있다.
아마 이 모든 출근길에 오른 사람들이 각자의 이유와 이야기로 살아가고 있기 때문이겠지.

사실 생각해 보면 "뒤에서 미는 사람이 누구냐."든지, "바빠서 그런데 걸어 올라갈 수 있게 비켜주시라."든지 말로 하지 않으면 상대는 절대 내 사정을 들여다볼 수 없다.

모두 다른 지난밤을 보내고는 다른 아침을 맞이한 것처럼, 전부 나와 같은 마음은 아닌 거다.

그러나 우리는 앞서 말한 것처럼, 그럼에도 뒷사람 눈치가 보여 에스컬레이터를 걸어 올라간다거나 혹은 꽉 막힌 지하철 안에서 뒷사람이 내리는데 불편하지는 않을까 하는 마음에 잠시 문밖으로 내려주기도 한다. 사실 우리는 그런 것이 당연한 배려라고 생각하며 살지만, 이 사소한 것들로 내 하루의 시작이 조금 여유로워질 수도 있는 것이다.

그러니 너무 내 맘 같지 않다고 불평하지 않아 보는 건 어떨까.
찾아보면 아주 가까이, 아주 조금은, 내 맘 같은 일도 존재하니까.

조금, 내 맘 같은 세상.

 글 한 편을 완성하고 나자 이상하리만큼 벅찬 기분이 들었다. 그 누구에게도 말하지 않은 혼자만의 감정이었지만 어쩐지 내가 일상 속에서 아주 중요한 무언가를, 소중한 무언가를 발견한 사람이라도 되는 것처럼 마음이 부자가 된 것 같았다. 그때 처음으로 느꼈던 것 같다. 글쓰기가 주는 위로를. 치열하고, 지치고, 답답하다고만 생각했던 나의 일상에도 사실은 아주 잘 들여다보면 한 가지 즈음, 삶을 이어갈 가치가 있다고 말할 수 있는 무언가가 있다는 것. 그 감정을 눈에 보이는 글자로 옮겨 적어 생각을 정리하는 과정에서 얻게 되는 감사하고 겸손한 마음이 글쓰기의 가치라는 것을 말이다.

지하철 안에서 글을 쓰기 시작하며 생긴 글쓰기 습관은 점점 장소를 불문하고 이어지게 되었다.

 그날 이후, 나의 휴대폰 메모장에는 사람 냄새가 담기기 시작했다.
 내 상처를, 스트레스를, 어지럽게 널브러진 내 감정들을 문자로 마주하고 나면 내 감정이 어떤지 정확히 들여다볼 수 있게 되었고 '아, 내가 이것 때문에 힘들었구나.' '나는 사실 이런 걸 원하고 있었던 거였구나.'를 알게 되고 나면 묵은 체증이 내려간 것처럼 마음이 한결

가벼워지기도 했다.

 그리고 무엇보다 "세상을 관찰하는 즐거움"에 눈을 뜨기 시작했다.
 글을 쓰기 전에는 결단코 보이지 않았던, 숨 가쁘게 이어지는 세상 속 작은 틈새를 보는 방법을 깨닫기 시작했다. 아주 잠시만 방심하면 순식간에 지나쳐 버리는 찰나의 장면들을 눈에 담는 연습 하기 시작했고 평범하게만 느껴졌던 눈에 들어오는 모든 것이 특별하게 느껴지기 시작했다.

 자전거를 타고 지나가는 사람들의 표정을, 손동작을 보며 그들의 감정선을 읽게 되었고 휴대폰을 하며 걸어가는 주인을 애틋하게 올려다보며 한 시도 눈을 떼지 않는 강아지들의 눈망울을 오래도록 눈에 담게 되었다. 세발자전거를 열심히 굴리며 횡단보도를 건너는 한 아이가 반대쪽에 도착할 때까지, 신호가 바뀌었음에도 모두가 약속한 것처럼 기다려주는 승용차 속 운전자들의 다정한 표정을 발견할 줄 알게 되었고 초록빛 나뭇잎 사이사이에 스며드는 빛을 따라 일렁이는 햇빛이 꼭 물결이 치는 강물 위의 윤슬 같다는 생각을 하게 되었다. 또한 봄에서 여름으로 넘어갈 때, 여름에서 가을로 넘어갈 때의 냄새가 어떻게 다른지 생각하게 되었고 비가 추적추적 내리는 날이면 그 꿉꿉하고 축축한 냄새가 꼭, 답답한 하루를 보낸 내 마음과 닮았다고 생각하게 되었다.

**어쩌면 사람 살아가는 것들의 끝자락에는
결국 같은 냄새가 나서,
우리는 또 하루 살아가는지도 모른다.
나만 고되지는 않을 거라는,
막연한 위로 덕분으로.**

 이 모든 냄새들이 결국, 삶의 냄새와 닮았다는 생각도.
 하지만 그때조차도 나는 미처 알지 못했다.
 세상을 관찰하기 시작한 이 작은 습관이, 그럴 때마다 휴대폰 메모장을 꺼내 기록하는 버릇 하나가, 나를 완전히 새로운 삶으로 데려갈 것이라고는.

하루가 24시간인 것이 때로 너무도 짧게 느껴진다.
세상 모든 삶의 무게가 내 어깨로 쏠린 것 같은 기분이다.
솔직히 버겁다.
그러나 또 살아갈 수밖에 없는 건,
그 버거운 하루 속 누군가 내민
아주 작은 안부 인사 때문일지도 모른다.
"그게 그렇게 벅차더라고. 함께 살아간다는 게-"

- 어느 날 뚜벅이가 걸어왔다, 말을 중에서-

1,000개의 메모를 모으면 할 수 있는 일

"작가가 지녀야 할 가장 중요한 것은 무엇이라고 생각하시나요?"

북콘서트 현장이나 글쓰기 강연을 할 때, 위 질문을 건네면 갑자기 분위기가 고요해지고는 한다. 한참의 침묵이 이어지고, 현장에 모인 분들은 혹시 나와 눈이 마주칠까 시선을 피한다. 그러다 침묵을 견디지 못한 어느 용기 있는 분이 손을 들면 모두가 기다렸다는 듯 잔뜩 궁금하다는 표정으로 발표자를 바라본다. 그리고 얼마 지나지 않아 손을 든 분이 수줍게 묻는다.

"작가님은 뭐라고 생각하세요?"

장내는 공감 섞인 웃음으로 가득해진다. 질문에 질문으로 답한 이유를 여쭤보니, '글을 쓰고 싶다는 생각은 해 봤지만 작가로 데뷔를 해본 적이 없어서 그런지 작가가 지녀야 할 가장 중요한 것이 무엇인지 깊이 생각해 본 적은 없는 것 같다.'고 답한다. 그러자 여기저기에서 공감 섞인 반응들이 흘러나온다. 그리고 나 역시, 그 말에 깊이 공감하는 사람 중 하나였다.

"내가 글을 써도 될까?"

마지막 월급과 2년의 퇴직금.
총 3개월 치의 월급을 들고 첫 회사를 나오던 날 머릿속에 둥둥 떠오른 질문이었다. 퇴사를 결심하게 된 건 의외로 어려운 일이 아니었다. '퇴사해야 할 타이밍은 자신이 제일 잘 안다.'라는 선배들의 말을 그때는 이해하지 못했지만, 지금 와 생각해 보니 그때의 내가 첫 회사를 나오기로 결심했던 것은 본능적으로 내가 퇴사해야 할 타이밍이라는 걸 느꼈던 것이었다.

이겨내고 싶었던, 이뤄내고 싶었던
어린 날 품었던 많은 자만심이 파도처럼 밀려왔다, 썰물이 되어 빠져나간다.

 당시 나는 내가 자만했다는 것을 인정할 수밖에 없다는 사실을 깨닫고 있었다.
 내가 이곳에서 무언가 대단한 업적을 남길 수 있을 거라는 자만.
 어쩌면 내 안에 천부적인 재능 같은 것이 있어서, 내가 꿈꾸던 목표를 내가 생각한 대로 내가 계획한 방향대로 만들어갈 수 있으리라는 오만 말이다. 그랬기에 그간 내가 생각했던 목표가 너무나도 허황된 이상이었다는 것을 깨닫게 되는 순간은 생각했던 것보다 더 아픈 일이었다. 그러나 현실을 마주한 그때의 내가 아팠던 것은 목표가 너무 높았기 때문이 아니었음을, 이제는 안다. 내가 아팠던 이유는, 목표가 허황되어서가 아니라 목표를 감당하기에 당시의 내가 너무 어리고 준비된 것이 없었기 때문이라는 것을 말이다. 그리고 그건, 반대로 말하자면 충분히 이룰 수 있었던 목표였음에도 그조차도 감당하기 버거워했을 만큼 당시의 내가 너무나도 어린애였다는 뜻이 되기도 한다.

그래서일까. 지금 와 한 가지 아쉬운 점이 있다면 스스로를 너무 볶아대지 말걸, 너는 이제 사회 초년생인데 뭘 얼마나 잘할 수 있겠어, 지금도 충분히 잘하고 있어, 그렇게 스스로에게 말해줄걸, 하는 마음이 든다는 것이다. 그러나 또 다른 한편 이런 생각을 하고 있는 와중에도 웃음이 나오는 건, 그걸 할 수 있었다면 사회 초년생이 아니었을 것이라는 것 또한 이제는 알기 때문이다. 10년이 지난 지금 이 글을 쓰고 있는 내 입장에서 본다면 당시 겪었던 패배감과 절망, 바닥까지 내려갔던 자존감의 경험은 내가 성장하기 위해 반드시 겪었어야 했을 과정이었던 것이다.

이유야 어찌 되었든 퇴사를 결심한 후 내 마음에는 나도 모르는 사이 '글을 쓰는 사람이 되어보면 어떨까.'라는 생각이 싹트고 있었다. 그러나 막연하게 글을 써보고 싶다는 생각이 어렴풋이 들었을 뿐 '작가가 돼야겠다.'는 생각 같은 건 추호도 한 적 없었다. 그리고 그런 마음이 들고 얼마 지나지 않아 나는 기막힌 경험을 하게 되었다.

지갑에 50원이 남아서 웃음이 났다.

 이 문장을 휴대폰 메모에 기록했을 때, 내 지갑에는 실제로 지갑에 50원이 남아있었다.
 평소와 다름없이 야근을 마치고 지하철역 계단을 내려가면서 교통카드를 꺼내려 지갑을 열었는데, 교통카드가 없는 거다. 그래서 하는 수 없이 일회용 카드를 구매하려고 지갑 안을 뒤적였는데 글쎄, 현금이라고는 50원짜리 동전 한 개가 전부이지 않은가. 나는 그만 헛웃음이 나와서 계단을 내려가다가 말고 제자리에 우뚝 멈춘 채 하하하하, 하고 소리 내어 웃었다.

 당시 나는 세금을 떼고 나면 100만 원이 되지 않는 월급으로 점심값을 아끼며 월에 15만 원씩 적금을 쪼개어 저축했었는데, 그때의 나에게 돈이란 한 푼이 아쉬운 존재였다. 튼튼한 몸과 막연한 자신감이 가진 것의 전부였던, 가난한 20대 사회 초년생의 마음 깊숙한 곳에는 늘 불투명한 미래에 대한 초조함이 자리 잡고 있었고 월급을 쪼개고 쪼개서 적금을 들었던 것 또한 불안에서 비롯된 것이었다. 그렇다고 당장의 불안이 해결되는 것은 아니었지만.

이런 내가 글을 써도 될까.
그건 너무 사치스러운 일이지 않나.

 계단에 우두커니 서서, 그런 생각을 했던 것 같다.
 글을 쓰는 일, 그러니까 생계를 위해 돈을 버는 수단이 아닌 내가 하고 싶어서 하는 일, 그런 걸 내가 해도 되는 걸까. 그런 건 내게 너무 사치스러운 일 아닌가.
 자조적인 웃음이 나왔던 것 같기도 하다.
 그날 저녁 어찌저찌 집에 돌아가기는 했지만 말로는 설명하기 어려운 복잡한 감정을 느꼈던 것 같다. 그리고 그 순간 내 눈에 들어온 건, 계단에 앉아 소쿠리를 앞에 내놓은 노숙자 한 분이었다. 소쿠리 안에는 50원짜리를 포함한 손때 묻은 동전이 가득했다.

산다는 건 뭘까.

내가 50원밖에 없다고 생각하는 그 돈이 누군가에게는 필요한 돈일지도 모른다는 것을 깨달았을 때, 나는 처음으로 아이러니를 느꼈던 것 같다. 나의 불행과 누군가의 염원 사이의 아이러니한 감정. 나는 그 복잡하고 오만한 감정을 기록했다.

지갑에 50원이 남아서 웃음이 났다.
내가 지금, 집으로 돌아가려 역전에 섰는데.
주머니를, 지갑 속을 아무리 뒤져도 50원밖에 없는 거야.
그래서 계단 위에서 실없이 웃고만 있었는데
사람들이 쳐다보는 거야, 미친 사람이 아니냐고.
그것마저 우습다. 내 인생이 이리도 동전 하나에 좌지우지되다니.
참으로 우습지 않으냐 말이다.

사람들이 말한다. 역전을 통과할 생각이나 하라고.
어서 차비를 채워, 목적지를 향해 바삐 움직이라고.
그래야 또 먹고 살지 않겠냐고.
"아니, 나는 50원뿐이에요." 사방에 외쳐도, 아무도 누구도 손 내밀지 않는다.

찰랑, 소쿠리에 동전이 떨어진다.
고개 숙인 노인이 말한다.

"그럴 거면 이리 내."

 싸늘한 감정을 글로 빚어낸 최초의 경험이었다. 밑바닥에 자리잡고 있는 어설픈 동정심을 마주했을 때, 나는 스스로에게 조금 실망했던 것 같기도 하다. 조금 더 솔직히 말하자면, 아주 많이, 비겁하다는 생각이 들었던 것 같다. 누군가의 불행을 보며 **"나는 그래도 저 사람보다는 낫지."** 하는 생각을 아주 잠시나마 했다는 것. 나는 그날, 그 비겁한 위로가 내 인생을 좋은 방향으로 나아가게 해 주지는 않을 것이라고 확신했다.

'필요한 사람이 된다는 건, 생각보다 너무 어려운 일이었다.'라고 지금에서야 말할 수 있다는 건, 또 너무나 어려운 일이었다.

 퇴사를 한 날 메모장에 썼던 글이었다. 퇴사를 결심하는 데까지는 너무나도 오랜 시간이 걸렸는데. 회사 문턱을 넘어, 밖으로 나오는 건 생각보다 오래 걸리지 않았다. 막상 밖으로 나오자 2년 반이라는 시간이 파노라마처럼 스쳐 갔다.

'처음'이라는 단어는 누구에게나 애틋하다. 이러니저러니해도 나에게는 첫 회사였고, 첫 퇴사였으니 말이다. 짐을 정리하고 회사를 빠져나오던 그 순간에 느꼈던 복잡하고도 애틋한, 말로 표현하기 어려운 감정은 지금까지도 고스란히 남아있을 만큼 나에게는 너무나도 특별한 감정이었다. 2년 반이라는 시간 동안 아무것도 몰랐던 나에게 하나부터 열까지 한 땀 한 땀 일을 알려주셨던 사수분들에게 인사를 건네고 앞으로 뭘 할 생각이냐는 질문에는 그저 웃었던 것 같다. 그리고 얼마 후 퇴직금이 통장에 입금되었음을 확인했을 때, **내 휴대폰 메모장에는 어느새 1,000개의 글이 모여 있었다.**

이 글을 공감해 주는 누군가가 있지 않을까.

  나도 모르게 스쳐 간 생각이었다.
  그런데 그 생각이 스친 순간, 심장 어딘가가 간질거리는 것 같았다.

원래 계획대로 라면 퇴직금으로 생활비를 감당할 수 있는 시간 동안 차분히 앞으로 뭘 해 먹고 살지 찾아보려고 했다. 하지만 1,000개의 글을 누군가와 공유해보고 싶다는 생각이 들었을 때, 나는 우습게도 '생활비를 벌어야겠다.'는 생각을 본능적으로 했던 것 같다. 그때는 인지하지 못했지만 무의식중에 글을 쓰는 일을 해보고 싶다고 생각해서였는지도 모른다. 그러니까, 생계를 위한 일이 아닌 '내가 하고 싶은 일'을 하기 위해서는 그것을 마음 편하게 할 수 있도록 최소한의 현실적인 경제 활동을 해야한다는 생각을 했다는 거다. 신기한 건, 누군가에게 내 글을 공유하고 싶다는 생각이 들자 조금이라도 쉬고 싶다는 마음이 눈 녹듯 사라졌다는 것이다. 지금 생각해 보면 아마도 글 쓰는 일이 나에게는 꼭 필요한 일이어서, 오래도록 나를 치유하기 위해 본능적으로 글을 쓰는 삶을 선택하려고 했던 것 같다. 그렇게 얼마 후, 나는 아르바이트를 하며 독립출판 계획을 세우게 되었다.

그리고 그 시기 즈음,

"Just do it." 나이키 카피에 더는 반감이 들지 않았다.

*p.s

Q : 작가님이 생각하는 작가가 지녀야 할 가장 중요한 것은 무엇인가요?

A : 제가 생각하는 작가가 지녀야 할 가장 중요한 것은 **'나를 세상에 내놓는 것을 두려워하지 않는 마음'이에요.** 작가가 된다는 건 결국 나의 생각, 신념, 감정, 가치관 같은 것들을 도마 위에 올려놓는 과정의 연속이라고 생각하기 때문인데요. 글이라는 것은 거울과 같아서 내가 아무리 숨기고 숨기려고 해도 결국 글 속에 내 감정, 가치관, 신념 같은 것들이 드러날 수밖에 없어요. 명확하게 말할 수 있는 건, 출간이 되는 글을 쓰기 위해 가장 중요하게 알아 두어야 할 것은 일기와 출간이 되는 글의 가장 큰 차이는 결국 대중에게 보여주느냐 아니냐의 차이라는 것이에요. 만약 제가 휴대폰 메모장에 쓴 글감들을 그대로 두었더라면 지금의 저는 이 책을 쓰고 있지 않을지도 모르니까요. 작가라는 타이틀은 결국 '세상에 내 글을 내놓은 사람'이라는 것을 깨닫지 못했을 테

니 말이에요. 이 글을 읽고 있을 많은 분들 역시 출간을 하고 싶으면서도 한편으로는 두려운 마음이 있으리라 생각해요. 저도 그랬으니까. 하지만 저는 이제, 글을 쓰고 싶어 하는 그 누구에게도 확신을 가진 채 말해줄 수 있게 되었습니다.

"just do it."

일단 시작하세요.
당신도 쓸 수 있습니다.
당신도 충분히, 쓰는 삶을 이어갈 수 있습니다.
글쓰기는 당신이 걸어가는 만큼, 언제나 옆에서 나란히 함께해 줄 테니까요.

언제나 겸손히, 또 겸허히 살고 있다고 자부했지만
또 언제고 마음 깊숙이 자리 잡고 있던 어떠한 자만들.
시간이 흘러 뒤돌아본 후에야 깨닫게 되었던 수많은 상처의 본원지.
그리고 그 중심에, 실은 내가 있었다는 것도.

하지만 그래서 참 다행이다. 나 자신이 부족했다는 것도, 마음 깊숙이 자리했던 자만이라는 놈과 마주해 보았다는 것도, 또 그래서, 스스로 상처받아 보았다는 것도. 모두 필요한 사람이 되기 위함이었음을.
내 인생과 나의 삶에 필요한 사람,
바로 나 자신 말이다.

- 어느 날 뚜벅이가 걸어왔다, 말을 중-

내 글이 MBC 라디오 오프닝에 소개 됐다구요?

'뚜벅 뚜벅 한 걸음씩 나만의 길을 걸어가 보겠다.'
라는 뜻을 담아 지은 나의 첫 필명은 '뚜벅이'였다.

 휴대폰 메모장에 약 1,000개의 글이 쌓였다는 것을 알게 됐을 때 처음 하게 된 생각은 'SNS 계정을 만들어서 메모를 업로드해 보면 어떨까?' 하는 단순한 생각이었다. 그건 단지 내가 느낀 이 감정들을 누군가도 느껴본 적 있을까? 하는 호기심에서 출발한 생각이었다. 그 생각을 한 날, 나는 집으로 돌아가는 길에 ddoobug_2(뚜벅이)라는 이름으로 첫 글쓰기 업로드용 계정을 만들었다. 그리고 아주 아주 떨리는 마음으로 휴대폰 메모장에 있는 글 중 한 개를 골라 캡처한 후 업로드하기 시작했다.

지금은 쓰지 않는 SNS계정이지만 당시에는 내가 쓴 글을 어딘가에 공개했다는 것만으로도 심장이 뛰었다. 하지만 당연하게도, 처음에는 아무런 반응이 없었다. 내 글을 봐주는 사람들도 없었고 마치 '공개된 일기장' 같은 느낌으로 하루하루 꾸준히 글을 올리는 것에 의의를 두었다. 그러던 어느 날, 나는 내 글에 달린 댓글 한 개를 보게 되었다.

이 글, 캡처해서 소장해도 되나요?

세상에나.
그럼요, 물론이죠.
백 번, 아니, 천 번도 더 캡처해 주세요. 제발.

나도 모르게 댓글을 보며 중얼거렸다. 입꼬리가 호선을 그리며 올라간 건 덤이었다.
누군가 내 글을 읽었다. 그런데 읽은 것도 모자라 개인 소장을 해도 되냐고 물었다.
이것이 진정 꿈이 아니란 말인가?
심장이 뛰고 입술이 바짝 마르는 것 같았다.

이게 가능하다고?

호들갑스러운 마음이 솜사탕처럼 뭉게뭉게 피어올라 나를 밤하늘에 두둥실 띄우는 것 같았다.

그때 난 어렴풋이 느끼고 있었던 것 같다.
'아, 나는 글 쓰는 것, 내 글을 누군가와 나누는 것을 좋아하는 사람이구나.'

그 댓글을 시작으로 나는 조금 더 용기를 내기 시작했다. SNS 계정에 업로드할 글은 충분히 준비되어 있으니, 정기적으로 꾸준히 글을 올리기 시작한 것이었다.

어쩌면, 정말 어쩌면 누군가는 내 글을 좋아해 줄지도 모른다. 그리고 또 어쩌면, 너무 오만한 생각일지 모르지만 그래도 어쩌면, 누군가는 내 글을 읽고 위로를 받을지도 모른다. 그런 막연한 생각을 하면서. 그리고 신기하게도 뭐든 꾸준히 하는 게 중요하다는 말이 맞는다고 말해주기라도 하려는 듯, 하루이틀, 일주일, 한 달, 두 달이 넘어가자 팔로워 수가 백 명, 이백 명, 삼백 명으로 늘기 시작하더니 어느 순간 천 명이 넘어가는 순간이 오게 되었다.

 천 명.
 천 개의 글.
 그리고 **"좋은 글 써주셔서 감사해요."**라는 상상도 해본 적 없었던 댓글들.
 그것들이 내게 주었던 건 일말의 '가능성'이었다.
 그러니까, 어쩌면 내가 책을 써볼 수도 있지 않을까 하는 막연한 기대감 같은 것.

메모들을 묶어서 책으로 만들어 보면 어떨까.
그것이 만약, 아주 사치스러운 일은 아니라면.

 어디서 튀어나온 용기였는지는 아직도 잘 모르겠다. 그저 그런 생각이 들었을 때, 종이로 인쇄된 글자들이 어떤 모습일지 궁금했을 뿐이었다. 태어나서 한 번도 책이라는 걸 만들어본 적 없었던 내가 당시 제일 먼저 했던 행동은 네이버 검색창에 '혼자 출판하는 방법'이라고 검색한 것이었다. 인터넷에는 다양한 방식의 책을 만드는 방법이 나와 있었지만 내가 원하는 SNS 팔로워분들이 책을 구매할 수 있는 가장 편리한 방법을 찾는 데는 시간이 조금 걸렸다.

이런저런 사이트를 찾던 중 나는 독립출판이 가능한 출간 플랫폼을 찾게 되었다.

당시 그 플랫폼에서는 작가가 직접 표지와 내지 디자인을 해서 파일로 업로드하면 누구나 책을 판매할 수 있도록 사이트에 등록해 주었는데, 재고 걱정할 필요 없이 독자분이 책을 구매하면, 다시 말해서 입금이 들어오면 제작이 진행되는 'POD 방식'으로 책을 제작하는 시스템으로 플랫폼을 운영하고 있었다. 당시 그곳은 내가 딱 원하던 시스템을 갖춘 곳이었고, 나는 아르바이트를 다니면서 퇴근 후 본격적으로 사이트에서 제공하는 편집 가이드에 맞춰서 내 메모를 편집하기 시작했다. 말 그대로, 맨땅에 헤딩하는 일생일대의 도전이 시작된 것이었다.

책을 편집하는 일 자체를 태어나서 한 번도 생각해 본 적 없었기 때문에 실제 편집자분들처럼 디자인 프로그램을 사용할 생각은 엄두도 내지 못했었다. 심지어 나는 지독한 컴맹이라, 그저 우직하게 워드 프로그램을 활용해서 말 그대로 '한 땀 한 땀' 원고를 편집하기 시작했다. 그때 절실히 느꼈던 것 같다. **"아, 이래서 편집자라는 직업이 있는 거구나."**라고 말이다. 그만큼 책을 만드는 매 순간이 나의 한계를 느끼는 과정이었던 것 같다. 지금 다시 하라고 하면 절대 못 할 만큼.

자간이 제멋대로 넓어졌다가 줄어들었다가를 반복할 때마다, 엔터를 몇 번 눌러야 인쇄됐을 때 더 예뻐 보일지 감을 못 잡고 헤맬 때마다, 심지어 작업 도중 내가 무언가를 잘못 설정하는 바람에 밑바닥 쪽수가 내 의지와 상관없이 나타났다가 사라졌다가를 반복할 때마다, 내지 디자인 감각이라고는 1도 없어서 그저 소제목과 본문 글자나 제대로 배치하면 다행이라는 걸 스스로 느낄 때마다, 내 이마에는 송글송글 땀이 맺히기 일쑤였다.

어디 그뿐인가. 맞춤법 검사, 띄어쓰기 검사는 어떻게 된 게 해도 해도 끝나지를 않았고 분명 다 검사했다고 생각했는데 잠깐 정신줄을 놓으면 어디서 또 오탈자가 쉴 새 없이 튀어나왔다. 꼭, 두더지 게임을 하는 것처럼. 도대체 이 미쳐버릴 것 같은 인내심을 요구하는 일을 전문 편집자분들께서는 어떻게 견디며 하고 계시다는 말인가. 나는 그때 또 한 번 깨달았던 것 같다. 업계에서 오래도록 편집 일을 하고 계신 편집자분들의 의자에는 풀도 안 자랄 것이라고. 이토록 지긋지긋한 인내심을 요구하는 작업을 수십 년 동안 하고 계시다는 건 정말이지, 몸에서 사리가 나오지 않고서는 불가능한 일에 가까울 것이라고 말이다. 나는 그래서 지금도 그 누구보다 편집자분들을 정말, 진심으로 존경한다. 감정 쓰레기통에 넣을 만큼 엉망인 글을 출간 가능한 수준으로 환골탈태해 주시는 분들이니 말이다. 차라리 처음부터 새로 만들고 말지, 말도 안 되는 초고를 예쁘게 포장해 주신다는 건 진짜 대단한 일인 거다.

누가 제발 이만하면 됐다고 말해줬으면 좋겠다.

알고 싶지 않았지만, 지독한 과정을 겪으며 나는 독립출판의 장점과 단점은 너무나도 명확하다는 것을 깨닫게 되었다.

내 맘대로 만들 수 있다는 장점이 있다는 것.

그리하여 그 누구도 가이드를 주지 않는다는 지독한 단점이 공존한다는 것.

그리고 무엇보다, 내가 잘하고 있는지 알 수 없다는 것.

기준이 없다는 것은 자유롭다는 뜻이기도 하지만 그건 다른 말로 모든 선택과 책임이 나에게 있다는 말이기도 하다. 나는 첫 에세이를 혼자 만들면서 이 단순한 진리를 뼈저리게 깨달았다. 제발 누군가 내게 "이쯤 하면 됐어요. 이제 그만 멈추고, 사이트에 파일을 등록하도록 해요."라고 말해주었으면 좋겠다고 생각한 밤이 하루, 이틀, 삼일, 몇 날 며칠 늘어날수록 처음 책을 만들기로 결심했을 때 느꼈던 설렘 따위는 점차 희미해지기 시작했다. 대신 그 자리에는 지겨움과 답답함, 피로가 밀려들었을 뿐이었다. 아, 이번에도 내가 나를 너무 과대평가했나. 또 다른 형태의 자만이었나. 지금이라도 그만둘까. 그러나 그런 생각이 들 때마다 정신줄을 다시 잡게 해준 건, SNS 계정에 호기롭게 올려둔 "책을 만들고 있습니다."라는 게시물에 달린 팔로워분들의 응원 메시지였다.

뚜벅이님 책 기대할게요.

 아아- 이것 참, 때려치울 수도 없고.
 이제 와서 사실 그건 전부 저의 망상이었답니다, 책이라는 걸 만드는 꿈을 꾸었답니다, 라는 얼토당토않은 말로 모든 걸 없던 일로 만들 수도 없고. 그런 생각을 하던 나는 줄넘기를 해도 되겠다 싶을 정도로 길게 늘어진 거울 속 다크서클을 보며 실험에 실패한 박사라도 된 것처럼 기괴하게 웃다가, 어느 순간 다시 마음을 다잡았다. 그래, 칼을 빼 들었으면 무라도 썰어야지 않겠나. 이미 책을 만들고 있다고 설레발을 쳤는데 여기서 멈출 수는 없지. 도중에 포기해버리면 너무-

쪽팔리잖아.

 그게 내 솔직한 심경이었다. 다른 건 모르겠고 책을 만들겠다고 으름장을 놓았는데 이걸 중간에 역량 부족으로 못 하게 되었습니다, 라고 말하는 장면을 상상하자 두피에 땀띠가 나는 것 같았다. 너무 창피했다. 그래서 냉장고에 넣어 두었던 핫식스를 꺼내 물처럼 벌컥 벌컥 들이마시며 새벽 내내 되지도 않는 편집 실력을 발휘하려 애를 쓰며 한 땀 한 땀 원고를 편집해 나갔다. 그리고 다크서클이 줄넘기를 넘어서서 내 그림자마냥 끝없이 늘어졌던 어느 날, 나는 드디어 내지 편집을 마치고 사이트에 원고 파일을 업로드할 수 있었다.

와, 이게 되네.

'더 이상은 못해.'라는 마음으로 얼기설기 엉성하게 만든 파일을 광기 어린 눈빛을 장착한 채 사이트에 업로드하고, 그 화면을 몇 분간 뚫어져라 처다보며 피식피식 광인처럼 웃다가 SNS계정에 구매 링크를 올리고 출간 소식 게시물을 업로드 했을 때는 심장이 정확히 어디에 위치해 있는지 알겠다고 확신할 만큼 쿵쿵 뛰어대는 통에 자칫 잘못하다가는 심장을 토할 수도 있겠다는 생각이 들 정도로, 극도의 흥분 상태가 되어 있었다. 요즘 말로 치자면 그래, 도파민이 터졌던 것이다. 그리고 얼마 후, 출간 소식 게시물에 첫 구매 댓글이 달렸을 때-

작가님, 책 감사히 읽을게요.

 누군가 내게 '뚜벅이님'이 아닌,
 난생처음으로 '작가님'이라는 호칭을 붙여주었을 때-
 한 권, 두 권 구매가 이어지던 책이 별안간 덜컥 플랫폼 내에서 베스트셀러가 되고,

"어느 날 뚜벅이가 걸어왔다, 말을, 이라는 재밌는 제목의 책인데요."

 2016년 11월 3일, MBC FM4U 김현철 님의 라디오, <오후의 발견>에 소개되었다는 소식을 독자님께 다이렉트 메시지로 전해 들었던 어느날 밤-

그렇게 나는, 작가가 되었다.

굿즈를 만들기 위해 꺼낸 파워 포인트

내가 작가라니.

 내가 만든 책을 구매해 주셨다는 것이 당시의 나에게는 매일매일 믿어지지 않는 일이었다. 한편으로는 얼기설기 엉성하게 만들어진 책을 판매했다는 것에 대한 양심의 가책 같은 것도 있었던 듯하다. 당시 느꼈던 감정이 어떤 것이었든, 막상 판매를 시작하니 밀려드는 이런저런 걱정들은 어쩔 수 없는 부분이었다. 특히, 책을 구매해 주신 분들이 점점 나를 '작가님'이라고 불러주시기 시작하면서 그 부담감은 더 커지기 시작했다. 어느 날엔가는 네이버 사전에 '작가'라고 검색해 보기도 했다.

[작가 作家]
: (명사) 문학 작품, 사진, 그림, 조각 따위의 예술품을 창작하는 사람.

 예술품을 창작하는 사람. 낯부끄러운 말이었다. 내가 쓴 글을 예술이라 불러도 되나. 이게 맞는 건가. 그런 생각을 하다 문득, 그래도 어쩌면 계속 글을 써나가다 보면 언젠가는 조금씩 덜 부끄러워질 수도 있지 않을까. 그런 생각에 다다랐을 때, 그러니까 창작을 한다는 것이 가슴을 뛰게 만든다는 것을 깨달았을 때, 나는 태어나 처음으로 무에서 유를 만들어 내는 일에 대한 애정을 느꼈던 것 같다. 지금 와 생각해 보면 그런 내 마음이 당시 독자분들에게 조금이나마 닿았던 것 같다. 그래서 우리는 책을 매개로 소통할 수 있었던 거다.

 물론, 내 첫 책이 팔릴 수 있었던 이유에 이런 감성적인 것만 있었다고 생각하지는 않는다. 당시는 알지 못했지만 10년이 지난 지금의 내가 첫 책이 판매되었던 이유를 꼽자면 '독특한 책의 제목'이 9할을 차지했다고 말할 수 있으니 말이다. 당시 내가 책을 편집하는 과정에서 가장 고민했던 것은 당연히 제목이었는데, 출판의 출자도 모르는 나조차도 표지 디자인만큼이나 제목은 책의 얼굴이라고 생각했기 때문이다. 당시 디자인 프로그램을 다룰 줄 몰랐던 나에게 워드 프로그램으로 작업할 수 있는 내지 디자인과는 달리 표지 작업은 그야말로 넘을 수 없는 벽과 같은 존재였다. 그래서 표지 제작은 지인에게 돈을 지불하고 부탁했었다. 내지 편집을 하며 미루고 미뤄두었었던 제목 짓기는 표지 제작 단계에 접어들자 더 이상 미룰 수 없는 일이 되었고, 나는 본격적으로 머리를 쥐어짜 내며 제목을 고민하기 시작했다. 인스타그램을 통해 독자분들이 생겨난 만큼 제목에 '뚜벅이'라는 단어를 넣고 싶었던 나는 고민 끝에, '누군가에게 말을 걸어주는 듯한 책을 만들고 싶다.'는 마음과 '뚜벅이'라는 것이 '걸어간다.'는 의미를 담고 있다는 것을 상기하며, '어느 날 뚜벅이가 걸어왔다, 말을'이라는 중의적인 제목을 짓게 되었다.

"제목이 눈에 띄었어요."

그리고 그 제목 덕분에 나는 독자분들에게 종종 '특

이한 제목 때문에 호기심이 생겨 책을 클릭해 보게 되었다.'는 메시지를 받게 되었다. 책을 읽어주신 분들이 내게 다이렉트 메시지로 '정말로 누군가 말을 걸어오는 것 같은 기분이 들었다.'는 후기를 전해 주셨을 때부터는 글을 통한 소통의 재미를 알아가기 시작했다.

솔직히 말하자면 조금 들떴던 것 같다. 출퇴근길에 나만 보려고 썼던 글이 책이라는 눈에 보이는 결과물이 되어 사람들과 소통할 수 있는 창구가 되었다는 사실이 신기했다. 그 기분 좋은 감정은 내게 조금씩 더 넓은 세상으로 나아가고 싶다는 꿈을 심어 주었다. 나는 더 많은 분에게 책을 매개로 한 소통을 하고 싶은 마음에 기다란 책의 제목을 줄임말로 바꾸어 애칭처럼 #어뚜말 이라는 명칭을 만들어 주었고, 인스타그램이라는 SNS가 지니고 있는 특성을 이용해 책의 일부를 사진으로 찍어 업로드할 때마다 해시태그를 걸어주었다.

#어느날뚜벅이가걸어왔다말을
#어뚜말

신기하게도 시간이 흐를수록 독자분들은 이 애칭을 재미있게 받아주셨고, 부탁하지 않았음에도 본인의 피드에 책의 내용을 업로드한 후 **#어뚜말** 이라는 해시태그를 걸어주시기 시작했다. 그리고 그것이 하나의 놀이 문화처럼 이어지던 어느 날, 어뚜말은 출판 사이트에서 주간 5위를 시작으로 일간 1위, 월간 1위까지 스코어가 올라가기 시작했다.

"어떻게 하면 이 감사한 마음을 전할 수 있을까?"

 너무 오래된 기억이라 출판 사이트에서 얼마나 1위를 유지했었는지는 정확히 기억은 안 나지만, 조금씩 차트에서 성적을 내며 올라가는 어뚜말을 보고 있자니 기특한 마음이 들었다. 그리고 마음 한구석에 작은 욕심이 싹트기 시작했다. '더 많은 사람들이 내 책을 읽어줬으면 좋겠다.' 싶은 마음이 든 것이다. 그리고 무엇보다, 이 부족한 책을 구매해 주신 분들에게 어떤 식으로든 보답하고 싶다는 마음이 들었다. 거창한 선물을 할 수는 없겠지만, 소소하게나마 꾸준히 감사함을 전할 수 있는 무언가가 있었으면 좋겠다고. 그런 생각을 한 이후, 나는 또다시 고민하기 시작했다.

"어떻게 하면 사람들에게 조금 더 친근하게 다가갈 수 있을까?"

그건 단순히 책을 팔아야겠다는 상업적인 목표가 아니었다. 어뚜말의 콘셉트와 분위기가 '친근하게 말을 걸어가는 느낌'이었기 때문에, 독자분들에게도 그런 느낌을 주고 싶었기 때문이었다. 고민 끝에 나는 직접 책갈피와 메시지카드를 만들어서 책을 구매해 주신 분들에게 보내드리는 이벤트를 해보자는 생각을 하게 되었다.

"하지만 어떻게? 나는 지독한 컴맹인걸."

문제는 내가 디자인 프로그램을 전혀 다룰 줄 모르는 사람이었다는 거였다. 그렇다고 나의 첫 굿즈를 외부 사람에게 부탁해서 만들고 싶지는 않았다. 한 땀 한 땀 내 손으로 책을 만들었던 것처럼, 조금은 부족할지언정 내가 직접 만든 굿즈를 보내드리고 싶다는 생각이 들었다. 그렇다고 하루아침에 20년간 없었던 디자인툴 다루는 능력이 생기는 건 아니었다. 생각 끝에 나는 큰 결심을 하게 되었다.

"파워포인트로 굿즈를 만드는 사람이 있다?"

믿기 어려울지도 모르겠지만 놀랍게도 그게 나였다.
당시 지인들은 파워포인트로 굿즈를 만들겠다고 말하는 나에게 '어떻게 만들려고 그래?'라고 물었고, 나는 이렇게 대답했다. '지금부터 생각해 봐야지.' 한 마디로 대책이 없었던 거다. 그러다 이내, "책은 뭐 대책이 있어서 만들었나? 어쩌다 보니 만들었지."라는 생각이 들었다. 그렇게 나는 또 한 번 한 땀 한 땀 굿즈 만들기에 도전해 보겠다고 다짐했다. 돌이켜보면 참 무식했다는 생각이 들지만, 그때의 나였기에 가능했던 마음이었다고도 생각한다. 굿즈를 자체적으로 제작 하겠다고 마음 먹은 후, 제일 먼저 생각했던 건 독자분들에게 직접적으로 마음을 전할 수 있는 매개가 있었으면 좋겠다는 것이었다. 그 생각은 이내 '편지를 쓸 수 있는 굿즈가 포함되면 좋겠다.' 는 것으로 이어졌다.

손 편지.

 그래, 편지를 쓰자. SNS와 타이핑으로 보내는 안부 말고 아날로그 감성을 담은, 정말로 뚜벅이가 말을 건네러 가는 것 같은 정성을 담은 편지를. 거듭 말하지만 처음이라는 단어는 언제나 특별하고 애틋하다. 첫 회사, 첫 퇴사, 첫 책, 그리고 첫 독자분들에게 보내는 첫 편지. 부족하면 부족한 대로, 조금 엉성하면 엉성한 모습 그대로를 담아보기로 결심했을 때, 걱정보다는 설렘이 앞섰던 것 같다. 진심이 담긴다면 언젠가, 누군가에게는 전해지겠지. 나는 그런 생각을 하며 파워포인트 프로그램을 열었다. 그 이후 어떻게 굿즈를 만들어 나갔는지는 기억나지 않는다. 그저 정신없이 시안을 찾고 파워포인트 자체에 들어 있는 도형 박스에서 네모 모양을 꺼내어 이렇게 저렇게 카드 모양을 만들어 봤다가, 도형을 없앴다가, 고개를 저었다가, 한숨을 내쉬었다가, 그러다 프로그램을 닫고 잠에 들었다가, 이튿날 다시 파워포인트 프로그램을 열어 도형 박스를 열기를 반복하다가 어느 날 손바닥만 한, 뚜벅이 캐릭터가 들어간 접이식 카드 디자인을 완성했던 기억이 남아 있을 뿐이다.

그러나 우여곡절 끝에 편지지를 만들기는 만든 후, 나는 이 작은 편지만 보내기에는 뭔가 부족하다는 생각을 하게 되었다. 시그니처가 될 만한 무언가가 있으면 좋겠는데. 막연한 생각은 줄줄이 소시지처럼 생각을 이어갔고, 그 끝에 나는 번뜩이는 아이디어를 떠올리게 되었다.

"어뚜말 세트를 만들자!"

#어뚜말 이라는 애칭을 만들어 인스타그램에 전시하듯 걸어두었으니, 그 애칭을 붙인 굿즈 세트를 만들어서 보내드리는 이벤트를 해봐야겠다는 생각이 들었던 것이었다. 어뚜말 세트, 뭔가 어감도 귀엽잖아. 혼자 흡족하게 중얼거렸던 그때의 나는 천진난만한 어린애 같았다. 이유야 어찌 되었든 당시 나는 어뚜말 세트라는 이름에 꽂혀서 세트에 들어갈 굿즈를 생각하는 데 여념이 없었다. 잠들기 전까지도, 아침에 일어나 아르바이트를 가기 위해 준비를 하는 시간에도, 아르바이트를 하는 중간중간에도, 끝나고 집으로 돌아오는 길에도 내내 어뚜말 세트에 들어갈 굿즈 구성을 생각하느

라 바빴다. 그리고 그 시기가 지금 생각해 보면 나에게는 너무나도 행복한 시간이었던 것 같다. 당시에는 모든 게 다 처음 해보는 일 투성이라 답답하다고 느꼈던 순간들도 많았었는데, 지나고 돌아보니 실은 너무나 소중한 순간이었던 거다. 손편지를 부치는 아날로그 감성을 살려보겠다는 생각은 어뚜말 만의 책갈피를 만들어 보고 싶다는 생각으로 이어졌다.

책갈피를 만들어 보면 어떨까. 흔한 모양 말고, 어뚜말 제목과 이어질 수 있는 나만의 책갈피를. 뚜벅이가 외계에서 온 생명체라면 어떨까.

엉뚱하게 떠오른 생각은 무의식 어딘가를 건드렸다. 나는 평소 메모에 글을 쓰며 그래왔던 것처럼 이런 생각이 든 이유가 무엇인지에 대해 깊게 파고 들어가기 시작했다. 그리고 생각했다. 우리는 모두 각자의 행성에서 살아가고 있는 사람들인 터라- 어쩌면 서로를 이해하는 데에는 시간이 걸리는 게 당연하다고 말이다.
 그러니까, <어느 날 뚜벅이가 걸어왔다, 말을>의 '뚜벅이'라는 이름에는 이 글을 읽을 사람들에게 외계에서 온 외부인이자, 낯선 이방인이자, 그럼에도 불구하고 사람들의 마음을 이해하고자 노력하는 존재가 되기 위해 한 걸음 한 걸음 뚜벅뚜벅 걸어가는 책이 되었으면 좋겠다는 나의 무의식 속 염원이 담겨 있었다는 것이다. 마음 깊숙한 곳의 나조차도 인지하지 못하고 있었던 내 진심을 깨닫고 나자 어쩐지 답답했던 무언가가 해소되는 것 같은 기분이 들었다.

그날 이후 왠지 모를 자신감이 생겨났다. 비록 엉성하게 만든 책이지만 그보다 더 엉성하게 만들어질 굿즈이지만, 그래도 그 안에 담긴 내 진심만은 진짜라는 자신감. 그것이 전해질 수 있다면 그것으로 내 삶은 성공이라는 기대감. 그런 감정들이 복합적으로 스며들었던 것이다.

'어뚜말 세트'를 받고 아주 잠시라도 피식, 하고 웃으셨으면 좋겠다는 나의 진심을 들여다보자, 자연스럽게 굿즈의 방향성과 어뚜말 세트의 작은 목표가 생겨났다. 비록 퀄리티가 좋은 굿즈는 아니겠지만 우체통에서 어뚜말 세트를 꺼냈을 때, 지친 하루의 끝에 조금은 웃을 수 있는 이벤트가 되었으면 좋겠다. 어뚜말 세트가 도착할 예정이라는 안내 문자를 받았을 때, 아주 아주 조금은 기대가 되었으면 좋겠다. 그런 마음을 담아 나는 어뚜말 세트의 마지막 구성으로 재밌는 멘트가 적힌 껌 한 개를 넣기로 결심했다.

씹어 먹어요.
씹고 뜯고 맛보고 즐기고.

파워포인트 프로그램으로 실제 껌 사이즈에 맞춰 멘트를 적은 네모난 도형 파일을 여러 개 이어 붙여서 프린트 한 후, 껌을 구매해 껌 종이 대신 멘트가 적힌 종이를 감싸 붙이고 나니 제법 피식, 웃음이 나올 만한 모양새가 완성되었다. 우여곡절 끝에 나는 책갈피, 손편지를 담은 메시지 카드, 유쾌한 멘트를 적은 껌을 하나의 투명 비닐봉투에 담아 어뚜말 세트를 완성했다. 그리고 **"제 책을 구매해 주시는 모든 분들에게, 책 구매 인증을 SNS에 올려주시면 저의 손편지가 들어간 어뚜말 세트를 보내드리겠습니다."**라는 문구와 함께 SNS

에 어뚜말 세트 이벤트 게시물을 업로드했다.

솔직히 처음 게시물을 올렸을 때, 파워포인트로 만든 볼품 없는 굿즈를 누가 가지고 싶어 할까? 하는 고민이 있었다. 어떻게 만들긴 만들었는데. 이걸 진짜로 독자분들이 가지고 싶어 할까? 그런 걱정이 들었던 것이다. 그런데 그것은 나의 잘못된 생각이었다. 놀랍게도 <어뚜말 세트>를 받고 싶어서 책을 구매하시겠다는 분들이 늘어나기 시작했기 때문이다. 지금 생각해 보면 굿즈 자체가 갖고 싶을 정도로 퀄리티가 높았다기보다는, '손편지'를 받고 싶어 하는 분들이 많았다는 생각이 든다. 메시지 카드가 일종의 작가와 독자를 연결해 주는 소통 창구 역할을 한 셈인 거였다. 독자분들의 반응을 살피며, 나는 아르바이트가 끝난 후 독자분들에게 다이렉트 메시지를 보내 어뚜말 세트를 받으실 주소와 연락처를 받아 새벽까지 편지를 써서 어뚜말 세트를 포장하고, 이튿날 출근길에 우체국에 들러 어뚜말 세트를 발송하기를 반복했다. 그 반복되는 루틴이 일상의 일부가 되어갈 때 즈음, 나는 어느새 약 500여 분에게 편지를 보낸 사람이 되어 있었다.

편지를 쓰는 내내 나는 "꼭 지금이어야만 하는 순간이 있다."는 생각을 했다.

인생에는 꼭 반드시, 지금이어야만 하는 순간이 있는 것 같다고.

편지를 부치기 위해서는 다이렉트 메시지로 독자분들과 소통을 하게 되는 순간이 많았는데, 그 당시에 느낀 감정과 독자분에 대한 인상을 담아 편지를 쓰다 보면 사람을 들여다보는 일이 얼마나 귀중한 경험인지 깨닫게 되는 순간이 많았다. 그 경험이 주는 뭉클함을 겪어본 적 있는 사람이라면, 진심을 한 자 한 자 꾹꾹 눌러 담는 순간이 주는 가슴 벅참을 경험해 본 적 있는 사람이라면 알 것이다. 반드시 그 순간만이 줄 수 있는 소중한 경험이 있다고 말이다.

이런 내 마음이 독자분들에게 조금은 닿았던 걸까.

약 500여 분에게 편지를 보내드리면서, 감사하게도 더 많은 분들이 내 책을 찾아주셨다. 그리고 2016년 11월 3일, MBC FM4U 김현철님의 라디오 <오후의 발견>의 오프닝 멘트에 어뚜말의 수록작 <이해, 서운함의 영역>이 소개되는 특별한 경험을 하게 되었다. 물론 내가 발견한 것은 아니었다. 퇴근길에 차에서 라디오를

듣던 독자분이 라디오에서 김현철님이 내 책을 소개해 주는 것을 듣고는 반가운 마음에 인스타그램 다이렉트 메시지로 헐레벌떡 소식을 들려주셔서 알게 된 거였다. 지금도 너무 놀란 나머지 할 말을 잃었던 기억이 생생하다. 그러나 그보다 더 뇌리에 선명하게 박혀 있는 건, 당시 나보다 더 기뻐해 주셨던 독자분의 메시지였다. 그 진심 어린 메시지를 보면서 나는 처음으로, "글을 쓰길 참 잘했다."는 생각을 하게 되었다. 나는 지금도 그날을 두 번은 없을 소중한 날로 기억하고 있다. 그 힘으로, 응원으로 계속해서 편지를 써나갈 수 있었으니까. 그렇게 감사한 마음으로 편지 쓰기를 이어가던 어느 날이었다. 나는 인스타그램 다이렉트 메시지 한 통을 받게 되었다.

"안녕하세요, 작가님. RHK 출판사 편집자 OOO입니다. 출간 제의를 드리고 싶어 메시지를 드렸어요."

휴대폰 메모에 푸념 같은 일기를 쓴 이후,
내게 믿을 수 없는 일들이 벌어지고 있었다.

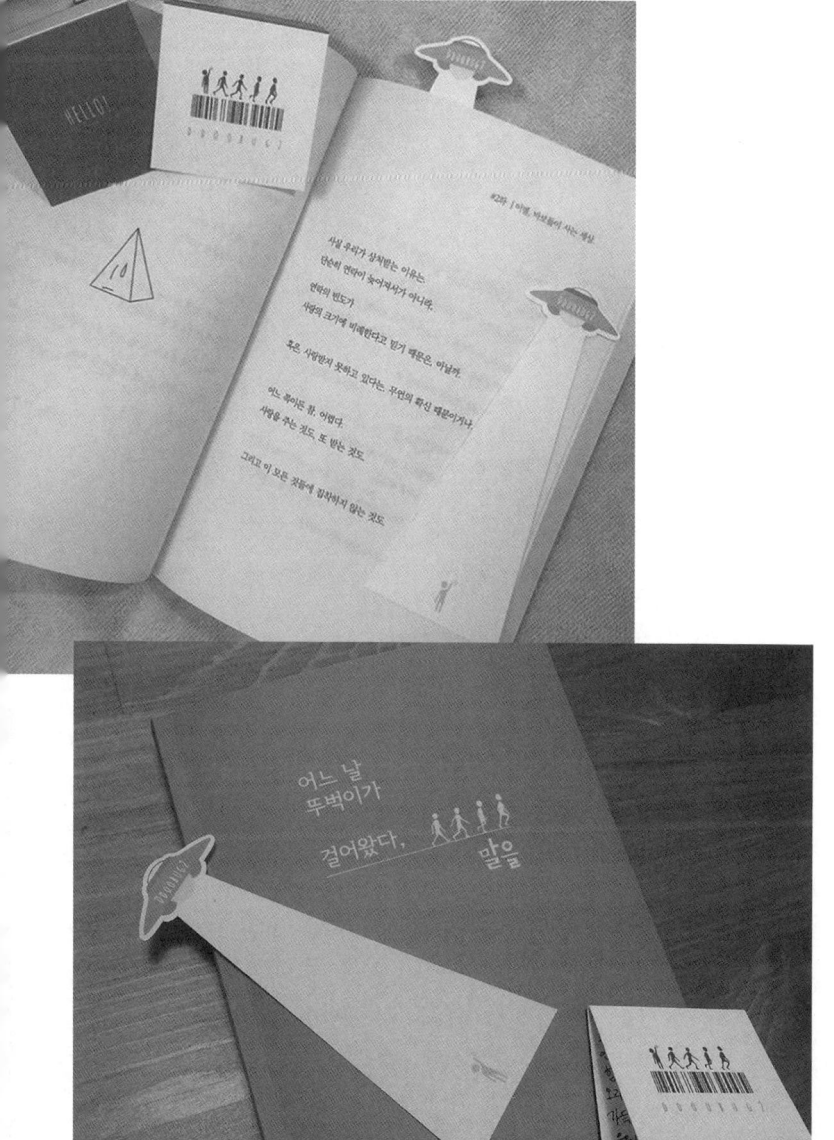

2장

가장 정적이지만, 가장 소란한

똑똑, 제 책도 받아 주시나요?

"여러분은 왜 글을 쓰시나요?"

 글을 쓰는 이유에 대해 질문하면, 북콘서트나 강연을 들으러 와주신 분들은 다양한 답을 내놓는다. 나를 알아가기 위해서, 그 순간 느낀 감정을 놓치기 아쉬워서, 어릴 때부터 글을 잘 쓰는 사람에 대한 동경이 있어서 등. 각양각색의 이유를 들으며 나는 이렇게 말하고는 한다. 글을 쓰는 이유를 찾기 위해서는, 글을 쓰는 목표를 세워야 한다고 말이다. 이는 글쓰기를 오래도록 이어 가주기를 바라는 마음에서다. 글쓰기는 환상이 아니기 때문이다. 지극히 현실적인 일이고 꾸준히 이어가기 어려운, 지루하고 지독한 반복의 여정이기 때문이다. 그래서 더욱이 실체가 있는 목표가 필요하다. 그래야 조금이라도 오래 버틸 수 있다. 글쓰기는 버팀의 연속이니까.

그렇다면 목표는 어떻게 설정해야 할까?

 목표를 설정한다는 건 곧 '무엇'을 '어떻게' 쓸 것인가?로 연결된다. 이는 비단 글쓰기를 할 때만 해당하는 사항은 아니라고 생각한다. 우리가 어떤 일을 할 때 가장 먼저 고려 해야 할 것은 '그 일을 하는 이유'라고 생각하기 때문이다. 이룰 수 있을지 없을지 모르더라도 일단 거시적으로 커다란 목표를, 추상적이지만 막연하게라도 이루고 싶은 목표를 정해두고 시작하는 게 그 일의 원동력이 된다고 생각한다. 다양한 방법이 있겠지만, 내가 글쓰기를 이어오면서 목표를 세우기 위해 사용한 방식은 아래 (괄호) 안에 어떤 말을 넣을지 생각해 보는 것이었다.

나는 (무엇을) 위해서 (무엇)을 (어떻게) 쓰고 싶다.

 무엇을 위해 무엇을 어떻게 쓸 것인가. 괄호 안에 들어갈 수 있는 내용은 무궁무진하다. 아주아주 거시적인 무언가를 담을 수도 있고, 당장 며칠 안에 도전해 볼 수 있는 작은 실천도 담을 수 있다. 중요한 건 무엇을 담든 간에 명확한 목표를 설정하는 것인데, 이는 내가 도대체 '왜' 글을 써야 하는지에 대한 기준이 설정되면서 그 방향으로 가려면 어떻게 해야 할까? 하는 고민을 하게 도와준다. 별것 아닌 것처럼 느껴질지도 모를 이 사소한 습관은 나에게도 글을 계속해서 써나가는 데 큰 도움이 되었다. 괄호 안에 들어갈 소재를 계속해서 바꿔나가면서 10년째 글을 쓰고 있으니 말이다. 괄호 안에 단어를 넣는 방법은 다양하다. 아래는 내가 실제로 설정했던 크고 작은 목표들이다.

- 나는 (돈을 많이 벌기) 위해서 (웹소설)을 (영상화 가능하게) 쓰고 싶다.
- 나는 (상업 작가로 데뷔하기) 위해서 (한 권 분량의 에세이)를 (출간할 수 있도록) 쓰고 싶다.
- 나는 (출판사에 투고하기) 위해서 (하루에 한 편의 글)을 (투고 양식에 맞추어서) 쓰고 싶다.

 나는 여전히 괄호 안에 들어갈 많은 목표들을 만들어둔 채 아주 자주 실패를 경험하며, 그럼에도 또 다시 도전하며, 그렇게 계속 쓰는 삶을 이어가고 있다. 꼭 이룰 수 있는 목표가 아니어도 괜찮다. 나 역시 여전히 숙제로 남은 목표들이 한 트러이다. 그러나 결단코, 완전히 포기하지는 않았다.

포기하지 않는 마음.
그런 건 어떻게 만들어갈 수 있는 걸까.

 목표에 실패하고 성공하는 일을 거듭 반복한 덕분에, 나는 이제 이 질문에 자신 있게 답할 수 있는 사람이 되었다.

작은 성취들을 경험해야
포기하지 않고 나아갈 수 있다고.

 거듭 강조하고 싶은 말이지만 글쓰기는 환상이 아니다. 지극히 현실적인 일이다. 현실은 우리가 두 발을 딛고 서 있는 땅 위에서 벌어지는 일이다. 그러니 우리가 그 땅을 밟고 걸어가기 위해서는 내가 설정한 목표를 성취하고 그 결과물을 손에 쥐었을 때 주어지는 스스로를 향한 보상을 경험하는 것이 무엇보다 중요하다.

이는 절대 타인이 줄 수 없는 것이다. 내가 여기까지는 할 수 있는 사람이라는 확신, 그렇다면 이다음 목표를 이룰 수 있을지도 모른다는 막연한 자신감, 그런 마음이 모여 포기하지 않고 나아갈 수 있는 단단한 마음이 만들어지는 것이다. 이는 꼭 글쓰기에만 국한되는 건 아니라고 생각한다. 어떤 일을 하건 어떤 분야에서 어떤 목표를 가지고 인생을 만들어가고 있든 간에 우리는 성취해야 하며, 목표를 이뤄내야 한다. 아주 아주 작지만, 실현 가능한 목표들을. 내가 무의식중에 괄호 안에 넣었던 첫 번째 목표는 '오프라인 서점에 책을 입고하기'였다. 물론 이 목표는 RHK에서 두 번째 책을 출판해 보자는 제안을 받기 전의 일이다.

매대에 올라가 있는 종이책을 보는 건 어떤 기분일까.

작가라면 누구나 한 번쯤 꿈꿔보는 낭만 같은 일이지 않은가.
서점에 가서 내 책을 구매해 보는 것.
나 역시 그런 꿈을 꾸는 평범한 사람 중 한 명이었고, 어떻게 하면 책을 오프라인 서점에 입고할 수 있을까에 대해 고민하고 있었다.

교보문고 같은 대형 서점에 입고하는 건 현실적으로 아직은 불가능하다.

 이게 내가 내린 첫 번째 결론이었다.
 아직은 불가능하다는 것이 중요한 결론이었다.
 그러니까, 아직은 불가능하지만 한 단계 한 단계를 밟아나가다 보면 언젠가는 가능할지도 모를 목표라는 생각을 했다는 것이다.

그렇다면 어디서부터 시작해야 할까.
대형 서점에 책을 입고하기 위해, 출발선을 어디로 정해야 할까.

 고민 끝에 내가 내린 답은 서울에 있는 독립책방의 문을 두드리는 것이었다. 출판사를 거치지 않고 책을 만든 수많은 작가들의 책을 판매하는 곳. 나 같은 사람들이 함께하는 공간. 각자의 색깔이 뚜렷한 책들 사이에 어뚜말이 함께한다면 어떨까. 그런 생각이 들자 엉

덩이가 들썩였다. 나는 그길로 아르바이트를 마치고 서울의 독립책방을 검색해서 발품을 팔아 책방을 찾아다니기 시작했다. 그때 느꼈던 것 같다. 독립책방만이 지닌 고유의 매력을.

독립 책방은 어딜 들어가든 그 고유의 색이 느껴졌는데, 일반 서점에서는 느낄 수 없는 각 서점만의 냄새와 분위기를 느낄 때면 이 소중한 공간이 오래도록 유지되었으면 좋겠다는 생각을 했다. 개중에서도 특히 재미있었던 포인트는 책방을 지키고 계신 사장님과 이야기를 나누던 순간이었다. 구체적으로 표현하기는 어렵지만, 책방과 사장님은 어딘가 미묘하게 닮은 구석이 있었다. 입고 있는 옷의 색감이 닮았다고 생각하기도, 향이 닮았다고 생각하기도 했다. 무엇이 되었든 독립 책방의 매력은 사장님의 손길과 애정이 묻어난다는 것이라는 점은 어느 책방이든 같았다. 인터넷으로 찾아보았을 때는 몰랐는데. 직접 발품을 팔아 눈으로 책방을 담고 나니 더욱이 내 책을 독립 책방에 입고해 보고 싶다는 생각이 마구마구 솟아났다. 하지만 그건 그저 나의 낭만적인 생각일 뿐이었고, 현실은 냉혹했다.

죄송합니다, 작가님.
죄송하지만,
다음에 기회가 되면,

 입고 요청 메일에 돌아오는 답변은 늘, 언제나 약속이라도 한 것처럼 죄송합니다-로 시작되어 다음에 기회가 되면-으로 끝났다. 나는 입고 요청 메일을 보내기 위해 어뚜말의 책 콘셉트와 원고의 일부, 그리고 출판 사이트에서 나름(?) 베스트셀러가 되었다는 데이터를 취합해 하나의 파일로 묶어 메일을 보내고는 했는데, 설마 수십 군데 중에 한 군데에서도 안 받아주겠어? 했던 생각은 기어이 나의 오만으로 끝났다. 그러나 이대로 포기할 수는 없었다. 한 번 목표를 이루어 본 경험을 한 나는 맨 처음 휴대폰에 메모를 쓰기 시작했을 때보다 조금 더 자신감이 붙은 상태였다.

책을 들고 서점에 방문해 보자.

 그때까지만 해도 나는 막연한 자신감이 있었다. 적어도 책 실물을 한 번쯤 보여드리고 얼굴을 마주하려는 노력까지는 해보자. 여기까지 해봤는데도 성공하지 못한다면 그때는 깔끔하게 포기하자. 그건 아직 내 책이 오프라인 매대에 올라갈 때가 아니어서 그런 것이라 받아들이자.

마음속으로 되뇌며 책을 들고 독립책방 수십 군데를 돌아다녔다. 그러나 나는 끝내 받아들여야만 했다. 지금은 때가 아니라는 것을.

책방 사장님들은 누구나 친절하고 따뜻하게 나를 맞이해 주셨지만, 그건 책을 입고해 주겠다는 약속은 아니었다. 그저 열심히 살아가는 작가를 향한 응원이었다. 독립 책방을 운영한다는 건 생각보다 더 현실적으로 어려운 일이었고, 사장님들의 입장에서는 우후죽순 쏟아지는 수많은 책 중 판매로 이어질 만한 책을 선별할 수밖에 없었던 거다. 그리고 나는 그 마음을 책방 사장님들과 이야기를 나누면서 진심으로 공감했다. 그래서 포기할 수 있었다. 내 책이 아직은 독립 책방에서 팔릴 수 있는 책은 아니라는 사실을 받아들였기 때문이었다.

실패는 성공의 어머니라는 말이 있지만,

나는 실패는 그냥 실패일 뿐이라고 생각한다.
그것이 성공으로 이어질지는 미지수이기 때문이다.

그러니 계속해서 나아가는 방법을 찾아야 한다.
그것이 언젠가 성공이 되어, "실패는 성공의 어머니라는 말이 있잖아."라는 말을 해 줄 수 있을 때까지.

그렇게 생각했지만 씁쓸한 감정은 또 어쩔 수 없는 나의 마음 중 하나였다.
그러나 이내 나는 그 아쉬운 마음을 툴툴 털어버리기로 했다. 그 대신 첫 술에 배부르랴.
또 나아가면 되지, 라는 생각을 하며 열심히 어뚜말 세트를 독자분들에게 배송하기로 했다.

일단 나에게 주어진 일을 하는 것.
그게 더 중요하다는 생각했기 때문이다. 그리고 열심히 우체국에서 편지를 보내던 어느 날, 나는 한 통의 메일을 받게 되었다.

[입고 요청] 관악구 동네 책방 '살롱드 북'입니다.

첫술에 배부를 수는 없지만

 입고 요청 메일을 받고 한걸음에 달려간 책방은 서울대입구역 근처에 있었다. 야트막한 언덕을 올라가자 정겨운 골목길 입구 쪽에 '살롱드 북'이라는 작은 입간판이 세워진 아담한 책방이 보였다.

후우.
 책방 안으로 들어가기 전, 우선 심호흡을 크게 한 번 했다.

무슨 말을 해야 바보처럼 보이지 않을까.

 책방 앞에 서자 그 생각이 제일 먼저 들었다.
 사장님께서 보내주신 메일에는 SNS에서 내 글을 보셨고, 글이 너무 좋아서 입고하고 싶었다는 내용이 들어 있었다. 그런데 막상 실물을 마주하고 내 어리숙한 이미지 때문에 입고를 취소하고 싶다 하면 어쩌지? 라는 걱정이 앞섰다.

지금은 어느새 10년 차 친구 사이가 된 사장님이 그당시 내가 이런 생각을 했었다는 걸 알았다면 어이없이 웃었을 것 같다는 생각을 하지만, 당시 나에게 '바보처럼 보이지 않기 미션'은 진심이었다.

일단 최대한 점잖은 척 해 보는 거야.

그런 터무니 없는 생각을 하며 책방 안으로 들어가자, 사장님과 꼭 닮은 공간이 드러났다. 벌써 10년이나 지난 기억인데도 여전히 선명하게 기억난다. 바닥에 깔린 잔디, 직접 페인트칠을 한 벽, 사장님의 손때가 묻은 책장, 책상, 의자, 알록달록한 쿠션들. 그 아늑한 공간을 보자마자 이곳에 내 책이 진열될 거라는 생각이 들자마자 점잖은 척을 해보겠다고 다짐했던 마음 같은 건 눈 녹듯이 사라졌다.

"오픈한 지 얼마 안 돼서, 아직 정신이 없어요. 하하."

어색하게 웃은 사장님은 긴 회사 생활을 마치고 책방을 운영해 보겠다는 꿈을 실현하기 위해 이곳에 자리를 잡은 지 얼마 되지 않았다는 말을 해주었다. 이 책방의 첫 시작과 나의 첫 책이 함께 출발선에 나란히 선 거였다. 그게 어찌나 벅찼는지.

　그날, 사장님과 무슨 대화를 주고받았는지는 기억나지 않는다. 그저 편안하게 나를 맞이해주는 사장님의 따스한 이끌림에 서로 마주 앉아 두런두런 이야기를 나누다가, 이 공간이 나의 또 다른 처음이 되어주겠구나, 라는 생각을 했었다는 것만이 선명하게 기억날 뿐이다.

사람 일은 모른다는 것.
그러니 무언가를 하고 있음을 드러내야 한다는 것.
누군가는 나를 지켜보고 있다는 것.

　사장님과의 인연은 나에게 '아, 이렇게도 인연이 닿을 수 있구나.'라는 것을 느끼게 해준 소중한 경험이었다. 아직은 때가 아니라며 포기했던 마음에 새로운 바람이 불어 드는 것 같았다. 이 경험 덕분에 지금의 나는 이제

막 글쓰기를 시작해 작가로 활동하기를 희망하는 예비 작가분들에게 SNS 관리를 열심히 하시라는 진심 어린 조언을 할 수 있게 되었다. 원고 작업만 해도 되었던 옛날과는 달리 지금은 SNS 활동 없이 글만 써서 작가로 데뷔하기란 현실적으로 너무나도 어려운 일이 되었기 때문이다. 그 배경에는 여러 가지 이유가 있겠지만 지금의 작가는 사실상 글을 쓰는 사람뿐만 아니라 출판사와 함께 책을 팔아야 하는, 영업 활동도 겸해야 하는 입장이 된 것은 부정할 수 없는 사실이라고 생각한다. 그러니 우리는 조금 더 용기를 내야 한다. 부끄러운 마음을 딛고 나를 천천히, 드러내는 연습을 해야 한다. 작가가 지녀야 할 가장 중요한 것은 나를 세상에 내놓는 것을 두려워하지 않는 마음이니까.

대형 출판사에서 보내온 메시지

"안녕하세요, 작가님. 저는 RHK 출판사의 편집자라고 합니다."

책이 살롱드 북에 입고되고, <어뚜말 세트>를 발송하고 지내던 어느 날이었다. 누군가는 나를 지켜보고 있다는 것을 증명해 주기라도 하려는 듯, 인스타그램 다이렉트 메시지 한 통이 도착했다.

요약하자면 약 6개월 전부터 작가님이 열심히 활동하는 모습을 인스타그램을 통해 보게 되었고 출판사에서 <어느 날 뚜벅이가 걸어왔다, 말을>의 개정판을 출간하고 싶다는 메시지였다.

신종 보이스피싱인가?

편집자님께 죄송하지만 처음에는 보이스피싱이 아닌가 생각했다. "이렇게 갑자기?", "내 글을 출간하겠다고? 왜?" 하는 생각이 먼저 올라왔기 때문이다. 그러다가 그 메시지가 진짜였다는 걸 받아들이고 나서는 "오, 이런 기회를 놓치는 건 바보나 하는 짓이야." 하는 생각이 들었다. 그래서 그 길로 바로 "혹시 지금 회사로 가도 될까요?"라고 답장을 보냈다. '나 이만큼 출간에 진심이다. 당장 출간하고 싶다.' 그런 의지를 보여주고 싶었기 때문이다. 물론 출판사는 회사이기 때문에 정해진 일정이 있다. 그래서 비록 당일 미팅을 할 수는 없었지만, 나는 이 적극성 덕분에(?) 빠른 시일 내에 편집자님을 만날 수 있게 되었다.

후우.
하아.

지독한 길치인 터라 혹여 긴장해서 길을 헤매 늦게 도착할까 봐 평소보다 한 시간은 더 넘게 일찍 출발한 나는 살롱드북에 처음 방문했을 때처럼 또 한 번 지하철역 출구에 서서 심호흡을 했다. 하지만 심호흡이 무색하게도, 출판사 빌딩 앞에 도착했을 때 나는 머릿속이 새하얗게 변하는 것 같았다.

무슨 말을 해야 하지?
일단 밝게 미소를 짓는 거야.
그다음에는 꾸벅 인사를 하고
악수 신청이라도 해야 하나?
아니, 아니지. 악수는 무슨 악수야.

뚝딱이는 로봇처럼 침을 꼴깍 삼키며 생각을 이어가던 나는 이내, '모르겠다. 편집자님이 먼저 뭐라고 하시기 전까지는 그냥 입을 열지 말자.'라는 결론에 이르렀다.

아무 것도 하지 않으면, 아무 일도 일어나지 않는다.

나이키 로고를 상기하면서.
바보 같은 일이 벌어지는 것보다는 아무 일도 일어나지 않는 게 나을 때도 있으니 말이다.

솔직히 말하자면, RHK 회사에 방문하는 일이 내게 곱절은 긴장됐던 이유는 따로 있었다. 나는 사실 지독한 드라마 덕후인데, 많은 드라마 작가님을 존경하지만 개중에서도 특히 노희경 작가님의 드라마를 참 좋아하는 사람이다. 그런데 하필이면 개중에서도 내가 특히 좋아하는, 열일곱 번도 더 본 <괜찮아, 사랑이야>라는 드라마에서 작가이자 출판사 대표로 나오는 주인공 장재열의 출판사 사무실 촬영 장소가 바로 RHK 회사였던 것이다. 그러한 사정으로 출판 미팅을 위해 방문하는 마당에 행여 입을 헤 벌리고 "여기가 장재열의 사무실이라니. 크흡." 이딴 바보 같은 말을 뱉을까봐 걱정이 된 것이다. 혼자 온갖 망상을 펼치던 나는 이내 그저 입을 다물고 묻는 말에 대답이나 잘하자는 마음으로 엘리베이터에 올랐다.

기억이란 참으로 애석하다.

분명 엘리베이터에 올랐던 것까지는 생생하게 기억이 나는데.

사무실에 도착하고 편집자님의 첫 모습, 편집자님의 안내를 받아 들어간 공간 안에서 무슨 대화를 나누었는지, 지금은 도무지 기억이 나지 않기 때문이다.

그나마 중간중간 흐릿하게 이어지는 기억 속의 나는 굉장히 어색하게 웃으면서 이런 말이나 했던 것 같다.

"이런 책(얼기설기 만든 어쭙말)을 (새로운)책으로 만들어주시겠다고 해주셔서 감사합니다."

새삼 당시 기억이 나지 않는 게 아쉽다는 생각이 들어 이 책을 쓰며 편집자님께 우리의 첫 만남에 대해 기억하고 계시냐고 물었더니, 이런 답을 주셨다. "첫 미팅 때는 작가님께 왜 이런 글들을 쓰게 됐는지 물어봤던 것 같아요. 그때 작가님과의 대화에서 느낀 건, 당시 SNS에는 무조건적인 위로와 긍정적인 말로 이루어진 글들이 많았는데 작가님의 글은 굉장히 깊은 고민과 사유를 통해 나온 글들이었기 때문에 제 눈에 달라 보였다는 거였어요. 공감 에세이이긴 한데, 따뜻하기보다는 날카롭고 시니컬 했고, 그 와중에 나를 다독여 줄 수 있는 글이라는 생각이 들었거든요." 편집자님의 답변을 듣고 나는 또 한번 생각했다. '여기가 장재열 사무실?' 이런 생각이나 하고 있었던 작가라는 걸 당시의 편집자님이 눈치채지 못하셔서 참, 다행이라고.

어찌 되었든, 당시 내가 편집자님에게 받았던 제안은 <어느 날 뚜벅이가 걸어왔다, 말을>의 개정판을 만들어보자는 거였다. 그러니까, 기존에 있던 글들을 포함해서 새로운 글을 더 작업하여 추가한 어뚜말의 개정 버전을 새롭게 만들어 보자는 의미였는데, 그러려면 기존 어뚜말의 책은 판매를 중지해야 했다. 그 안에 수록된 글의 약 7~80%가 새로운 에세이에 수록될 예정이었기 때문이다. 당시 내 마음에 닿았던 말은 '판매 중지'가 아니라, '중지'였다. 처음 내 손으로 만든 책을 더는 어딘가에 내놓을 수 없다는 것이 조금은 아쉽게 느껴졌기 때문이다. 얼기설기 만든 어뚜말을 새로운 책으로 만들어주시겠다니 너무 감사합니다, 라는 생각과는 퍽 다른 모순적인 마음이었다. 하지만 어쩌겠는가. 그것도 내 마음의 일부였던 것을.

그때 느꼈던 것 같다. 모든 일에는 다 때가 있다는 것을. 언제, 어느 순간에 곁에 있던 것이 사라질지 모른다는 것을. 그러니 한순간일지라도, 소중하게 여겨야 한다는 것을 말이다.

 내게 내밀어 주신 기회의 손을 잡기 위해 나는 생각 끝에 내 손으로 만든 책을 절판하기로 다짐했다. 완전히 사라지는 것이 아닌, 더 예쁜 옷을 입고 다시 태어나는 것이라고 생각하면서.

 미팅을 마친 후 나는 난생처음으로 출판 계약서라는 것을 받게 되었다. 첫 책을 만들 때는 그저 혼자 모든 것을 만들었던 터라 메일로 계약서를 받았을 때는 정말, 이제 진짜로 작가가 되는 거구나, 라는 생각에 기분이 묘했던 것 같다. 재밌는 사실은 계약서에 들어 있는 조항들을 보며 나는 당황하지 않았다는 것이다. 이는 첫 회사에서 배운 것들 덕분이었다. 당시 내가 몸담았던 부서는 경영지원팀이었는데, 정산 관리, 음원 수익 시트 제작 및 관리 등을 기본으로 계약서 관리도 했었다. 그러니까 말 그대로 관리팀의 막내라는 위치에 맞게 관리가 필요한 곳에는 늘 내가 있었다는 의미가 된다. 그 경험이 에세이 계약을 하는 순간에 도움이 될 것이라고는 그때는 꿈에도 생각하지 못했다. 만약 내가 계약서를 보는 방법을 터득하지 못했더라면, '계약서'라는 단어를 보자마자 두려움부터 느꼈을 것이다. 첫 회사에서의 경험 덕분에 당시 메일로 계약서를 받았던 나에게 계약서라는 것은 그저 종이 묶음에 불과했다. 계약서를 우습게 여겼다는 것이 아니라, 회사에 다니는 내내 만지고 들여다봤던 것이었기에 그만큼 익숙했다는 의미다. 업계가 다른 만큼 당연히 계약 조항과 내용도 달랐지만, 당시 나에게 근본은 같았다. 그때 나는 또 한 가지를 배웠던 것 같다.

삶에 버리는 경험은 없다는 것.

늘 회사 이름이 들어간 지장을 찍어 우체국에 발송하는 업무를 했던 내가, 내 이름 석 자가 써 있는 계약서에 날인하게 되는 날이 올 줄이야. 나는 꼼꼼하게 계약서를 살피고 내 이름 석 자 옆에 사인을 했을 때 비로소 실감했다. 정말 삶은 어떻게 될지 모르는 것이라고. 그러니 주어진 일이 쓸모없는 일이라고 생각하며 좌절하는 대신, 늘 감사하며 내게 온 일에 최선을 다해야겠다고 말이다.

10년이 지난 지금, 정말 감사하게도 편집자님과는 가끔 만나 하이볼을 마시며 이런저런 속 깊은 이야기를 나누는 사이가 되었는데, 편집자님과 내가 단순히 편집자-작가의 사이가 아닌 그보다는 조금 더 사적으로 가까운 사이가 되고 나서야 알게 된 사실이 있었다. 알고 보니 당시 편집자님의 출간 스케줄 상, 내 에세이는 진행이 불가할 정도로 빡빡한 일정이었다는 것이다. 그런데도 불구하고, 내가 쓴 글을 책으로 만들고 싶다는 일념하에 무리하게 일정을 조율하시면서까지 에세이를 만드셨다는 거였다. 세상에나. 전혀 몰랐잖아요. 그런 대답을 한 그때의 나는 이내 '모를 수밖에 없었다.'는 결론에 이르렀다. 내가 그걸 알았으면 처음 회사를 방문했을 때 '여기가 장재열 사무실?' 이딴 생각이나 하지 않았을 테니 말이다.

나무에게 미안하지 않은 책을 만들고 싶어요.

당시 상황을 들려주시며 편집자님이 내게 해주셨던 말은 마음을 먹먹하게 만들었다. 나는 아직도 그 말을 잊지 않고 있다. 아마, 편집자님은 이 글을 보고 어색해

하시며 호탕하게 웃으시겠지만, 나는 마음으로 늘 편집자님을 존경하고 있다. 나무에게 미안하지 않은 책을 만들고 싶다고 말하는 편집자를 첫 편집자로 만나게 된 행운 가득한 작가가 바로 나이기 때문이다. 나는 참 복이 많은 사람이다. 그날 이후 나 역시 나무에게 미안하지 않은 글을 쓰고 싶다는 생각을 했으니 말이다. 그게 마음처럼 참 쉽지 않다는 것을 알고 있지만 그래도 그런 마음을 먹을 수 있도록, 그런 시선으로 세상을 바라볼 수 있도록 해 주셨다는 것이 나에게는 너무나도 감사한 일이다. 편집자님 덕분에 당시 나는 나무에게 미안하지 않은 책을 만들기 위해 편집자님과 함께 열심히 책을 만드는 데 몰두했던 것 같다. 편집자님이 어느정도로 내 책에 진심이었냐면, 제목을 정할 때 <외로운 것에 지지 않으려면>으로 할지, <외로운 것들에 지지 않으려면>으로 할지, <외로워지는 것들에 지지 않으려면>으로 할지를 두고 몇 날 며칠을 고민하셨다. 단 한 글자 만으로 달라질 수 있는 뉘앙스와 책의 분위기까지 고려할 만큼 내 책에 너무나도 큰 애정이 있으셨던 것이다. 편집자님과 오랜 고민을 나눈 끝에, 내 두 번째 에세이의 제목은 <외로운 것들에 지지 않으려면

>으로 정해졌다. (당시 편집자님은 <외로워지는 것들에 지지 않으려면>이 책의 의미를 더 잘 닮고 있다고 생각하셨다고 했지만, 사람들이 읽을 때 복잡하게 느껴질 것 같다는 판단에 최종적으로는 <외로운 것들에 지지 않으려면>이 된 것이었다.) 그리고 책의 출간이 임박했을 때 즈음, 나는 또 한 번 나만의 출간 이벤트를 계획하게 되었다.

출판사와 계약을 하게 되면 내부적으로 출간을 위한 마케팅을 기획해 주시는데, 나는 <어느 날 뚜벅이가 걸어왔다, 말을> 을 통해 정식 출간까지 하게 된 만큼 독자분들에게 나만의 선물을 보내드리고 싶다는 생각을 했다. 내 글에 공감 해주시고 얼기설기 제작한 <어뚜말 세트>를 기쁘게 받아주신 독자분들이 없었다면 두 번째 에세이 출간 역시 불가능했을 것이라는 생각이 들었기 때문이다. 그리고 무엇보다, 나의 가능성을 봐주시고 함께 책을 만들어 주신 편집자님께 뭐라도 도움이 되고 싶었다. 그래서 나는 편집자님에게 이번에는 <외로운 것들에 지지 않으려면> 제목의 줄임말을 따서, <외지지 세트>를 만들어 보겠다고 말씀드렸고 책에 수록된 사진들을 뽑아서 엽서를 제작해 두 번째 '손편지 이벤트'를 하기로 마음먹었다. 당시에도 여전히 아르바이트를 병행하고 있었던 나는 <어뚜말 세트> 이벤트를 했던 때와 마찬가지로 출퇴근을 하면서 <외지지 세트> 이벤트를 진행했다. 그 과정에서 약 700여 분에게 편지를 써서 보내 드리게 되었다. 그 경험은 죽을 때까지 잊을 수 없을 만큼 귀중한 경험이었다고 자부한다. **첫 독립 출판 때와는 비교도 되지 않을 만큼 많은 분들의 메시지를 받으며, 지금껏 상상도 하지 못했던 소통을 했기 때문이다.** 그 모든 메시지를 일일이 나열할 수는 없지만, 당시 캐나다에 거주하셨던 독자님께서 내 책을 읽고 캐나다에서 <외로운 것들을 지지 않으려면>을 알리고 싶은 마음에 책 속 글귀들을 일일이 번역해서 SNS 피드에 올려주셨던 일, 입시 준비를 하며 힘든 마음을 에세이를 읽으며 달랬다던 어느 여고생분의 메시지, 몸이 좋지 않아 병원 생활을 이어가던 중에 에세이를 읽고 위로를 받았다고 메시지를 주셨던 분, 호주에 워킹홀리데이를 갔던 독자분이, 그곳에서 만난 동료에게 외지지를 선물 받고 위로를 받아 한국에 계신 부모님께 부탁하여 에세이를 소포로 받아 읽었다는 이야기, 어느 유학생 독자분이 타지에서 에세이를 읽고 힘을 내서 학교를 잘 마칠 수 있었다는 메시지, 사는 게 너무 버거워서 하루하루 숨을 쉬는 게 어려웠을 만큼 힘들었는데 외지지를 읽고 다시 살아갈 용기를 얻었다는 메시지 등. 고작 20대 초중반이었던 내가 받기에는 너무나도 과분한 메시지들의 연속이었다. 그리고 그 시기의 나는 조금씩 두려움을 느끼기 시작했다. 아주 솔직히 말하자면 감사한 마음보다는 무서운 마음이 더 컸던 것 같다.

내 글이 누군가의 인생에 영향을 미칠 수 있다는 것.
그 사실이 주는 책임감이 너무나도 무거웠기 때문이다.
누군가에게 위로가 될 수 있다는 건, 반대로 상처를 줄 수도 있다는 뜻이니까.

내가 좋은 사람이 될 수 있을까.
이런 글을 쓸 자격이 있는 사람이 될 수 있을까.

그때 처음 글의 무게에 대해 느꼈던 것 같다.
누군가의 인생에 영향을 미칠 수 있다는 건 정말 무

서운 일인 거다.

이건 지금도 내가 가장 두려워하는 부분이다. 어쩌면 나의 가장 큰 약점이라고 생각한다.

누군가 내 글로 인해 상처를 받는다는 것. 내 생각으로 인해 마음을 다칠 수 있다는 것.

그래서 수십 번, 수백 번 생각하고 말과 글을 뱉으려 노력하고 있는데 때로 그게 잘 안되는 순간을 마주할 때마다 나는 내가 싫어질 때도 있다. 나는 왜 이것밖에 안 되는 사람인가, 그런 자책이 들 때면 한동안 글을 쓰고 싶지 않다는 생각이 들기도 했다. 복잡한 인간관계, 노력해도 되지 않는 일을 마주하고 스스로 그 우물에 갇혀 집착하고 있다는 것을 깨달을 때면 더욱이 그랬다.

내려놓는 연습.

그때부터였던 것 같다. 집착하지 않고, 욕심내지 않으며, 모든 상황과 사람을 그저 있는 그대로 바라보려는 연습을 했던 순간이. 일종의 내려놓는 연습의 시작이었던 거다. 내가 느끼는 무게감이 늘어갈수록 마음의 부담이 커질수록 그와는 반대로 책은 점점 더 많은 독자분들에게 닿았고, <외로운 것들에 지지 않으려면>은 어느새 두 번째 인쇄를 들어가게 되면서 베스트셀러 딱지를 달게 되었다. 그리고 내가 마음의 중심을 잡으려 무던히도 애를 쓰며 계속해서 독자분들에게 편지를 보내던 어느 날, 종로 영풍문고 한 벽면에 <외로운 것들에 지지 않으려면>이 도배된 커다란 매대가 설치된 어느 날, 나는 초판 2,000부로 시작한 <외로운 것들에 지지 않으려면>이 두 번째 인쇄, 세 번째 인쇄를 넘어 네 번째 인쇄에 들어갔다는 소식을 받게 되었다. 메일 한 통도 제대로 보내지 못했던 사회 초년생에서, 작가라는 무게가 얼마나 무서운지 피부로 느낀 사람이 된 순간이었다.

공모전에 도전할 용기

"다른 장르의 글을 써 보고 싶다. 하지만 어떻게?"

 <어느 날 뚜벅이가 걸어왔다, 말을>과 <외로운 것들에 지지 않으려면>을 출간한 이후, 나는 작가라는 이름의 무게를 느끼게 되면서 동시에 '인풋의 중요성'을 느끼기 시작했다. 두 권의 책을 만드는 과정에서 머릿속에 있었던 글감을 모두 털어버렸다는 생각이 들었기 때문이다. 쉽게 말해, 글쓰기를 이어가기 위해서는 책을 읽을 필요가 있다는 것을 느낀 것이다. 그런 생각을 한 이후 내가 처음 찾은 책은 '고전 소설'이었다. 책을 구경하러 간 서점에서 우연히 '고전 소설 미니북 시리즈'를 보게 된 것이 시작이었다. 손바닥만 한 사이즈의 책이라면 아르바이트 출퇴근길에도 읽을 수 있겠다는 생각이 들었던 것이다.

당시 처음 읽은 고전 미니북은 '데미안'이었는데, 어릴 적 여러 가지 버전으로 읽어왔던 데미안을 성인이 되어 다시 읽으니 다시 보이는 부분이 있었다. 수백 년을 관통하는 삶에 대한 통찰이 고전의 매력이라는 생각을 하게 되면서, 나는 점차 소설에 빠지기 시작했다. 아르바이트하러 가는 출근길 지하철에서, 점심시간에, 퇴근길 지하철에서, 퇴근 후 잠들기 전까지. 일이 끝나고 틈틈이 서점에 들러 오늘은 어떤 고전을 읽을까, 미니북을 고르는 재미를 알아가기 시작했다. 솔직히 말하자면 그렇게라도 해서 마음 한구석에 남아 있는 작가로서의 부족한 무언가를 채우고 싶었다. 그렇게 한참 고전 소설 읽기에 여념이 없었던 내가 시간을 쪼개 책을 읽는 습관을 들인 지 몇 개월이 지났을 때, 나는 약 50권의 고전을 읽게 되었다. 신기했던 것은 책을 읽기 시작하자 머릿속에 쓰고 싶은 글감이 채워지기 시작했다는 것이다. 특히 두 권의 책을 출간한 이후 보게 된 소설책은 나에게 '소설을 써보고 싶다.'는 욕구를 가져다주었는데 앞서 두 권의 책을 맨땅에 헤딩하며 출간했던 경험이 있는 나에게 이러한 욕구는 두려움이 아닌 호기심으로 다가왔다. 그리고 무엇보다, 새로운 도전을 내게 줌으로써 결핍을 채우고 싶은 욕망이 샘솟았다. 나는 그 길로 '소설 출간하는 법'과 같은 막연한 궁금증을 인터넷에 검색하기 시작했고, 소설을 쓰기 위해서는 에세이를 썼을 때보다 더 꾸준한 인내심이 필요하겠다는 생각을 하게 되었다.

**쓸 수 있는 조건이 아닌,
쓰는 습관을 만드는 시간.**

당시의 나는 글을 쓰는 나만의 루틴을 만들어야겠다고 생각 했다. 그리고 그 시기 즈음, '공모전'을 통해 작가로 데뷔하는 방법이 있다는 사실을 알게 되었다.

**공모전에 도전해 보자.
그럼 자연스레, 글 쓰는 습관을 만들 수 있을지 몰라.**

그날 이후, 나는 공모전 일정을 모아 나만의 리스트업을 만들기 시작했다. 재미있는 사실은 '공모전 사이트를 구경하는 것만으로도 공부가 된다.'는 것이었다. 이게 무슨 말이냐 하면, 공모전 일정을 찾다 보면 우선적으로 '업계에서 어떤 장르의 글을 원하는지'를 파악할 수 있게 된다는 의미다. 사이트를 이용해 본 적 있는 사람이라면 알겠지만 생각보다 다양한 공모전이 열린다. 나 역시 소설을 써보고 싶다는 생각으로 공모전 사이트에 들어갔다가 '동화 공모전'이 있다는 새로운 정보를 얻게 되었으니 말이다. 사실, 처음부터 동화 쓰기에 도전해 보고 싶다고 생각한 것은 아니었다. 솔직히 말하자면 '무식하면 용감하다.'고 하듯, 나는 단순히 분량을 기준으로 도전해 볼지 말지의 여부를 판단하고 있었고, 그러던 중 발견한 것이 'KB 동화공모제'라는 단편 동화 공모전이었다.

"KB은행에서 동화 공모전을 연다고?"

나로서는 상상도 못 했던 공모전이었다. 나에게는 그저 은행으로 입력된 KB에서 동화 공모전을 열고 있을 거라고는 생각하지 못했기 때문이다. A4 용지 기준으로 약 4p 내외 분량의 단편 동화를 제출하는 공모전. A4용지로 4페이지 정도라면, 한 번쯤 써볼 수 있지 않을까? 그런 생각을 하며 마감일을 확인한 나는 동공이

흔들렸다. 마감일이 불과 사흘 앞으로 다가와 있었기 때문이다.

에이, 이걸 어떻게 도전해.
무리인 것 같아 이건.

 실소하며 다른 공모전을 둘러보기 위해 해당 페이지에서 뒤로가기 버튼을 눌렀는데.
 이상하게 공모전 구경을 한 바퀴, 두 바퀴, 세 바퀴 마칠 때까지 동화 공모전이 눈에 밟혔다.
 처음 휴대폰 메모에 글을 썼을 때처럼, 책을 만들어보겠다는 막연한 생각을 했을 때처럼, 이번에도 새로운 세상을 향해 도전장을 내밀고 싶다는 일종의 객기가 올라왔다.

까짓거, 돈 드는 일도 아닌데.
한 번 도전해 보지 뭐.

 고민 끝에 나는 공모전 마감일 사흘을 앞두고 첫 공모전에 도전해 보기로 결심했다. 지금 생각해 보면 도대체 무슨 객기였는지 모르겠지만 나는 상을 타고 싶다는 욕구보다는 순수하게 새로운 장르에 도전해 보고 싶다는 마음이 컸던 것 같다. 그러니까, 진심으로 글쓰기에 재미를 들이기 시작했던 시기였던 거다. 게다가 공모전 특성상 마감일이 정해져 있다는 것 또한 나에게는 메리트가 있다고 느껴졌다. 작가라는 직업은 언제나 마감이라는 꼬리표를 달고 다니는 업이기 때문이다. 그래서 나는 지금도 작가로 데뷔하고 싶은 예비 작가분들에게는 공모전에 참여해 보는 것만으로도 마감일을 지키는 연습을 할 수 있는 좋은 기회라고 말한다.

내가 동화를 쓰겠다니.

일단 패기 있게 도전장을 내밀어보기는 했는데. 처음 책을 만들겠다고 워드 프로그램을 켰을 때보다 곱절은 더 막막한 기분이었다.

도대체 어디서부터, 어떻게 시작해야 하지?

하지만 자리에 앉아 고민만 하고 있을 시간은 없었다.

단 사흘. 그 안에 마감해야 한다. 그 목표를 실현해 보기 위해, 나는 평소 아르바이트를 마치고 고전 미니북을 사기 위해 찾아갔던 서점으로 향했다. 책을 읽을 용으로 구매하러 갔을 때는 몰랐는데 글을 쓰기 위한 레퍼런스용으로 시각을 바꾸어 보니 의외로 평소에는 보이지 않았던 것들이 온통 소재로 보이기 시작했다. 그 신기한 경험을 하며 서점 안을 1시간가량 배회하던 끝에, 나는 세종대왕이 집현전 학자들과 만들었던 자음과 모음 스물네 개의 글자와 관련한 어느 책을 발견하게 되었다.

"만약 자음과 모음이 살아있다면?"

 표지에 그려진 자음과 모음 그림을 무심히 보는데, 불현듯 그런 생각이 떠올랐다. 그리고 그 추상적인 생각은 내 마음속 깊은 곳에 있는 어떤 싹을 건드렸다. 지금 생각해 보면 평소 내가 한글을 바라볼 때 품고 있었던, 소중한 마음을 이야기로 풀어내 보고 싶은 욕망이 건드려졌던 것이다.

그날 저녁 책을 들고 부랴부랴 집으로 돌아온 나는 마감일 당일까지 약 사흘 동안 매일매일 새벽 5시까지 글을 쓰며 난생처음으로 '한글을 사랑하자.'는 주제를 담은 생애 첫 단편 동화 <쉿! 세종 대왕님이 보고 계셔!>를 완성했다. 이렇게 단 세 줄로 생에 첫 공모전 도전기를 요약하니 몹시 쉬운 일인 것처럼 보일 수 있지만, 실상은 글에 다 담을 수 없을 만큼 힘겨운 싸움의 연속이었다. 초등학생 때 그림책 숙제를 했던 때의 기억을 더듬어가며, 고전 소설을 읽었을 때 흡수했던 이야기의 흐름을 떠올리며, 무엇보다 내가 하고 싶은 이야기가 무엇인지에 집중하며, 수십 장의 A4용지를 버린 후에야 겨우 얼기설기 얽힌 이야기 한 편을 완성할 수 있었으니 말이다. 정말이지 사흘이라는 시간이 억겁의 시간처럼 느껴졌던 경험이었다. 아르바이트를 무슨 정신으로 해냈는지 알 수 없을 정도로 당시 나는 핫식스와 커피에 의존하며 무언가에 홀린 사람처럼 글쓰기에 몰두했고, 공모전 마감 당일 새벽 5시, 출근 준비를 해야 하는 직전의 순간에 기적적으로 원고를 프린트해 서류봉투에 담아 해골 같은 몰골을 하고서 이렇게 소리쳤다.

"내가, 해냄!"

 수상은 모르겠고. 아무튼 내가 첫 마감을 이뤄냈다는 사실이 너무나도 기특했다. 나란 녀석, 한번 시작한 일에 끝장을 보다니 기특하잖아. 스스로에게 마구마구 칭찬해 주고 싶었다. 그러나 마감의 기쁨을 느낄 새도 없이 당일 오후 5시까지 프린트한 원고를 제출해야 하는 마지막 미션이 남아 있었던 나는 프린트한 원고를 들고 아르바이트하는 곳에 출근하여, 그곳에서 퀵 서비스로 간신히 원고를 제출했다.

이게 제출까지 해야 진짜 끝나는 거거든요.
꼬옥, 잘 좀 부탁드릴게요 기사님.

 누가 보면 수백억짜리 땅문서라도 들어 있는 것처럼 서류봉투를 기사님께 건네며 연신 구십 도로 인사를 해댔던 그때의 나는 혹시나, 만에 하나, 이 원고가 제때 심사를 받지 못할까 봐 극도의 불안을 느꼈고 잘 접수 되었다는 문자를 받고 났을 땐 온몸의 수분이 다 빠져나가는 것 같은 기분을 느꼈다. 사흘 간 하루에 한 시간도 채 못 잤던 나였기에 그날 퇴근하고 집에 돌아가서는 그야말로 완벽한 기절을 했던 것 같다. 죽은 사람처럼 잠에 푹 빠져 꿈도 꾸지 않고 일어났을 때는 마치 내가 꿈꾼 것 같다는 착각이 들기도 했다.

 손에서 원고가 떠나갔다는 것을 인지해서였을까. 며칠이 지나자 나는 다시 일상으로 돌아와 아르바이트에 집중했고, 고전 소설을 읽는 루틴을 이어가며 점차 공모전에 도전했다는 사실을 잊어갔다. 솔직히 말하자면 당시에는 정말로 내가 쓴 동화가 수상할 리 없다는 강한 확신이 있었기 때문에, 정말로 마감을 지킬 수 있어서 다행이라는 생각뿐이었다. 그래서 처음 주최 측에서 입선 소식 전화를 받았을 때, 너무 놀란 나머지 "아, 그렇군요. 감사합니다." 라는, 모르는 사람이 들으면 상을 탄 것이 하나도 기쁘지 않은 사람처럼 바보 같은 대답을 하고 말았다.

아, 그렇군요. 감사합니다.
근데, 방금 뭐라고 하셨죠?

그리고 잠시 후, 내가 수상했다는 사실을 실감했을 때, 나는 아르바이트를 하는 가게에서 입을 틀어막고 있었다.

동화 같은 일이 펼쳐진 거였다. 말을 잇지 못하는 나에게 담당자분은 시상식 일정을 곧 공유해 주겠다는 안내를 해주었고 얼마 후, 나는 얼빠진 얼굴이 되어 난생처음 작가로서 시상식에 참여하는 영광을 경험하게 되었다. 그리고 그곳에서 나는 낯선 감정을 느끼게 되었다.

시상식 현장에서 만난 수상자분들이 수상 소감을 이야기할 때, 나는 수상자분들이 동화 작가 타이틀을 얻기 위해 얼마나 오랜 시간 노력하고 있는지, 그들의 삶에 창작이라는 것이 얼마나 큰 부분을 차지하고 있는지 생생하게 느꼈다. 약 십 년 동안 동화 작가가 되기 위해서 끝없이 노력해 왔다는 어느 수상자분이 그간의 기억을 더듬어가며 복합적인 표정으로 수상 소감을 발표하시는 모습을 보며, 나는 마음 한구석이 먹먹해지는 것 같았다. 누군가의 꿈. 이루고 싶은 간절한 마음. 그것을 마침내 이뤄냈을 때 오는 강력한 쾌감. 나를 향한 믿음. 응원. 그런 모든 감정이 한꺼번에 밀려오는 것 같았다. 그리고 그 끝에 내게는 한 가지, 짙은 깨달음이 남았다.

책임감을 가지고 글을 써야겠다.

이 깨달음이 언젠가 내 삶을 무겁게 짓누르는 일이 생기더라도 나는, 이 마음만은 잊지 말아야 하겠다고. 그리고 신기하게도 그 마음을 배우게 된 이후, 나는 에세이를 쓰며 느꼈던 부담감에서 조금은 해방될 수 있었다.

동화 공모전에서 입선한 이후 나는 생각이 많아졌다. 휴대폰 메모장에 글을 쓰다가 덜컥 책을 만들고 얼떨결에 동화 공모전에서 입선까지 하는 감사한 경험을 했지만, "이제부터 뭘 써야 하지?" 하는 고민에 답을 내릴 수 없었기 때문이었다. 그때 알게 된 것 같다.

"아, 작가라는 것은 책을 출판한다고 해서, 공모전에서 수상을 한다고 해서, 끝나는 게 아니구나. 계속해서 작가가 어딘가를 향해 문을 두드리고, 글을 쓰며 앞으로 나아가야 하는 거구나." 라는 것을 말이다.

막연히 '다양한 장르의 글을 쓰고 싶다.'라고 생각했을 뿐, '그래서 계속해서 나아가려면 어떻게 해야 하지?'라는 질문에 대한 답을 찾는 것은 쉽지 않았다. 갈증을 느낀 나는 또 한 번 공모전 사이트를 기웃거리기 시작했다. 그렇게 한참 서핑을 하던 나는 '장편 소설 공모전'을 접하게 되었고, 단편 이야기를 쓴 사람에서 장편 이야기를 쓸 수 있는 사람으로 역량을 끌어올려 보고 싶다는 새로운 목표가 생겼다. 그렇게 마주하게 된 첫 장벽은 '기획안'이라는 놈이었다.

기획안이란 무엇인가.

이 기본적인 질문에서 시작한 나는 지금까지 그래왔던 것처럼 또 한 번, 인터넷 검색창에 '기획안'이라는 단어를 검색하는 것을 시작으로, 서점을 밥 먹듯이 드나들며 기획안과 관련된 작법서를 찾아 읽고 그 안에 든 내용을 바탕으로 기획안 비스무리한 것을 따라 써 보는 연습을 하기 시작했다. 스토리 작법을 배우기 위해 약 6개월 동안 드라마 교육원에 들어가 기초반에서 공부와 습작을 하며 기초를 다지기도 했다. 기초반을 수료한 이후에도 계속해서 지루한 한 우물 파기를 하며 소설 쓰기를 이어갔던 나는 우여곡절 끝에 첫 판타지 장편 소설 <당신의 기억을 팔아드립니다.>로 '제3회 창작 소설 공모 대전'에서 작품상을 수상하게 되었다. 이 소설은 기억을 향수로 만들어 팔 수 있는 향수 가게가 있다는 설정에서 출발했는데, 향수라는 것에 대해 아무것도 몰랐던 나는 직접 향수 공방에 찾아가 향수를 제작하는 기초부터 시작해서 향수의 구조가 어떻게 되어 있는지를 배우는 등 소설에 접목할 수 있는 다양한 공부를 발품 팔아 해가며 글을 써 나갔다. 그리고 그 과정이 나에게는 너무나도 행복한 여정이었다.

행복하다.
그래, 나는 글을 쓸 때 행복한 사람이었다.

밤을 새워 공부를 하고, 머릿속에 있는 상상을 글로 풀어내며 나만의 세상을 만들어가는 이 과정이 가슴 벅차도록 행복하다. 그때는 그 마음만이 내 일상을 온통 지배하고 있었던 것 같다. 10년이 지난 지금의 나에게 글쓰기는 어떤 의미인지 다시 한번 돌아보게 만들 만큼, 그때의 나는 열정적이었고 어떤 면에서는 지금의 나보다 훨씬 더, 작가다운 사람이었다.

 이렇게 단 몇 줄로 소설 공모전 일화를 적으니 공모전이라는 것이 도전하기만 하면 쉽게 수상할 수 있는 것처럼 느껴질 수 있다고 생각하지만, 당시의 나는 공모전 마감일까지 평균 3시간씩 자면서 공모전에 제출할 기획안과 원고를 작업했다. 드라마 교육원에서 배웠던 기본기를 들고 치열하게 부딪치고 깨지며 맨땅에 헤딩하듯 자료를 여기저기서 긁어모아 공모전에 도전했다. 한 마디로, 미친 듯이 몰두하고 끝을 내보겠다는 일념 하나로 글쓰기에 파고들었던 정신 나간 시기였다고 말하는 게 맞을 것이다. 그리고 그 덕분에, 지금의 나는 무언가에 꽂혀서 미쳐봤던 경험을 한 것이 얼마나 큰 자산이었는지 아는 사람이 되었다. 그때의 나는 죽었다 깨어나도 알지 못했을 것이다. 그저 부족한 면을 채우기에 급급하고, 왜 나는 이것밖에 쓰지 못하는 사람일까, 왜 더 좋은 글이 써지지 않을까, 좋은 글이란 무엇일까, 누가 좀 얘기해주었으면 좋겠는데. 자책하고 스스로에게 채찍질을 해댔던 그때의 내가, 사실은 얼마나 눈부시게 빛나는 시기를 보내고 있었는지를.

Q. 공모전은 수상하기 위해 도전하는 게 아니라는 것, 알고 계시나요?

 제가 여러분들에게 공모전 도전기를 들려드린 이유는 아이러니하게도 '수상을 목표로 공모전에 도전하지 말아라'는 메시지를 건네고 싶어서입니다. 이 말을 할 때마다 돌아오는 답은 "수상하신 작가님이 그런 말씀을 하시다니…." 인데요. 그러나 저는 여전히, 많은 분에게 공모전은 수상을 목표로 도전하는 게 아니라고 말합니다. 물론, 수상을 하는 것을 목표로 도전해서는 안 된다는 말을 하려는 것은 아닙니다. 제가 말하고 싶은 핵심은 "수상만을 목표로 도전하는 게 아니다."라는 것입니다. 상을 타는 일을 싫어할 사람은 많지 않으리라 생각합니다. 다만, '상을 타는 것'을 핵심 목표로 설정하고 공모전에 도전하다 보면 공모전에 도전하는 동안 얻을 수 있는 많은 것들을 놓치게 됩니다. 과정보다는 결과가 중요한 세상에 살고 있는 우리지만, 작가가 오래도록 글을 쓸 수 있는 힘을 얻기 위해서는 과정의 중요성을 제대로 습득해야 한다고 생각합니다. 그러려면 무엇보다, 글을 쓰는 사람의 마인드가 가장 중요합니다. 저는 이 책에 공모전 성공기만 언급했으나, 이곳에 언급하지 않은 무수히 많은 공모전 탈락 경험 역시 보유하고 있습니다. 그 과정을 통해 저 역시 조금씩 앞으로 나아가기 시작했고 지금도 여전히 수많은 투고에서 떨어지며 성장하고 있습니다. 여기까지 말씀드리면 눈치가 빠르신 분들은 제가 말하고자 하는 말의 의도를 파악했으리라 생각되는데요. 공모전에 도전하고자 하는 분들에게 드리고 싶은 말을 아래에 정리해 드리려고 합니다.

(1) 마감하는 연습을 할 수 있다.

작가에게 마감은 선택이 아닌 필수입니다. 게다가 데뷔 전의 작가 지망생분들은 특히 스스로 마감을 지키는 연습을 해야만 합니다. 주체적으로 스케줄러를 만들어 마감하는 연습을 하고 계신 분들은 괜찮겠지만, 만약 반강제적인 마감 연습을 해보고 싶다고 생각하는 분이 있으시다면 공모전에 도전해 보시기를 추천드립니다.

(2) 내가 쓰고 싶은 장르, 분야의 시장 분위기를 분석해 볼 수 있다.

글쓰기 공모전마다 다르지만, 주최하는 곳마다 요구하는 양식과 콘셉트가 다릅니다.

이는 주최 측에서 원하는 방향성이 뚜렷하기 때문인데요. 일반적으로 공모전 주최 측에서는 '공모전 투고 양식'이 들어간 문서를 제공합니다. 자유 양식이라고 되어 있는 공모전의 경우라 할지라도, 양식 안에 반드시 들어가야 할 항목은 짚어주는 게 대부분입니다.

그런 특성 때문에 공모전에 도전하는 사람들은 기본적으로 기획안에는 어떤 요소들이 포함되는지, '내가 제출해야 할 원고의 콘셉트와 방향성'이 트렌드에 맞는지, 사람들이 읽고 싶어 하는 콘셉트가 맞는지 여부 등, '상업성'을 고민할 수밖에 없게 됩니다. 그리고 이러한 고민은 현업 작가들 역시 매일 머리를 싸매고 하는 고민이기 때문에, 작가로 데뷔하기를 희망하시는 분이라면 공모전에 도전하는 것만으로도 많은 공부가 됩니다.

(3) 완결을 경험해 볼 수 있다.

이제 막 글을 쓰기 시작한 분들에게 제가 꼭 강조하는 부분이 있습니다. 그것은 바로 작가에게 중요한 것은 '시작하는 것보다 끝을 내는 것이다.'라는 것입니다. 어떤 장르의 글을 쓰든 작가는 '완결을 내는 경험'을 해야만 합니다. 만약 소설이라면 이야기의 시작부터 끝맺음까지의 완결을 의미하며 에세이 완결을 경험해 보고 싶다고 하신다면, '한 권 분량의 에세이'를 완결 짓는 연습을 하셔야 한다는 의미입니다. 그러나 처음부터 한 권 분량의 완결을 내는 것은 쉬운 일이 아니기 때문에, 우선 한 편의 에세이, 초반 회차의 소설이라도 완결을 내는 연습을 하는 것이 중요합니다. 보통 스토리 공모전이든, 에세이(수필) 공모전이든 주최 측에서 원하는 분량이 있기 마련입니다. 그리고 그 분량 안에는 분량이 많든 적든 '완결'이 포함되어 있습니다. 예컨대 '세 편의 수필을 보내주세요.' 라거나 '1~3화 분량의 소설 원고를 보내주세요.' 라거나 하는 식으로요. 그러니 만약 공모전 마감일에 맞춰 원고를 보내는 데 성공한다면, 여러분들은 어떤 식으로든 세 편의 에세이를, 1~3화 회차의 소설을 완결 지어볼 수 있는 셈이 되는 것입니다. 그렇게 몇 편의 완결을 반복해서 이어 나가다 보면, 어느새 한 권 분량의 글이 완성되어 있을 것입니다.

(4) 수상할 경우 상업 작가로 데뷔할 수 있다.

앞서 '수상만을 목표로 공모전에 도전하지 말 것'이라는 부분을 강조했다고는 하지만, 공모전에 도전하는 사람치고 '수상하고 싶지 않다.'는 생각을 하시는 분은 없으리라 생각됩니다. 거듭 말씀드리시만 제가 수상을 목표로 한 글쓰기를 지양한다고 말씀드렸던 것은 오롯이 수상만을 생각하며 글을 쓰는 연습은 되도록 피하는 게 좋다는 의미였으며, 만약 공모전에서 수상을 하게 된다면 당연히 작가로서의 메리트는 올라가는 것이 사실입니다. 수상 경력이라는 것은 많으면 많을수록 작가로 활동하는 데 도움이 되니까요. 공모전마다 성격이 다르겠지만, 몇몇 공모전에서는 수상 조건으로 '출간'을 내거는 공모전도 있습니다. 만약 그러한 성격을 지닌 공모전에서 수상을 하게 될 경우 데뷔와 동시에 출간할 기회가 열려 있으니, 작가 데뷔를 꿈꾸시는 분들이라면 한 번쯤 공모전에 도전해 보시는 것을 추천드립니다.

3장

이유 없이 쓰고 이유를 덧붙인다

글쓰기를 어렵게 느끼는 여러분에게 보내는 편지

"내 마음을 알아야 타인이 공감하는 글도 쓸 수 있어요."

 북콘서트나 글쓰기 클래스 현장에서 이런 말을 할 때면, 강연을 들으러 와주신 분들의 반응은 반반으로 나뉜다. 공감한다는 듯 고개를 끄덕이는 분이 있는가 하면 완전한 공감을 하기에는 조금 어렵다는 무언의 눈빛을 보내기도 한다. 그리고 그 이면에는 '내 마음과 다른 사람의 마음이 같을 수 없는데 내 마음을 안다고 해서 타인이 그 마음에 공감할 수 있을까요?' 하는 무언의 궁금증이 들어 있는 것이 느껴진다.

내 마음을 들여다보는 일과
타인의 공감을 사는 일.

둘 사이에는 어떤 관계성이 있을까.

 얼핏 보면 관계가 그리 깊지 않을 것 같다고 생각할 수 있겠지만, 가만히 들여다보면 한 가지 공통된 점이 보인다. 나와 타인, 우리는 모두 '인간'이라는 것이다. 사람은 한 가지 상황에서 한 가지 감정만 느끼지 않는다. 내가 생각하는 좋은 글은 가독성이 좋으면서도 깊이가 있는 글인데, 문장은 심플하지만 그 안에 들어 있는 내용은 복잡해야 한다. 그리고 그런 글을 쓰기 위해서는 내면의 감정을 깊숙이 들여다보는 연습이 필요하다. 내 마음을 먼저 들여다볼 줄 아는 사람은 타인의 감정도 들여다볼 준비가 된다고 생각하기 때문이다. 그러나 내 마음을 들여다보는 일은 하루아침에 당연하다는 듯할 수 있는 일은 아니다. 그 어떤 일보다 의식적으로, 시간을 들여서 매일 조금씩 해나가야 하는 습관을 만들어야 한다. 글쓰기와 운동이 꾸준히 할수록 조금씩 근육이 붙고 실력이 늘어가는 것처럼, 나를 들여다보는 일, 내 마음을 살피는 일 또한 꾸준히 해야 하는 삶의 소중한 과정이라고 생각한다. 그렇다면 나를 들여다보는 연습은 어떻게 해야 할까? 이를 실천으로 옮기기 전, 우선 '한 가지 상황이라 하여 한 가지 감정만 느끼지 않는다.'는 말의 의미를 살펴볼 필요가 있다.

사업 파트너나 프로젝트를 함께 해야 하는 직장 동료가 말없이 3일 동안 연락이 안 된다고 상상해 보자. 이 상황에서, 우리는 어떤 감정을 느끼게 될까?

책을 읽고 있는 지금, 휴대폰이 나와 가까운 곳에 있다면 휴대폰 메모장 애플리케이션을 켜서 '만약 이 상황이라면 내가 느낄 감정'이 무엇인지 직접 적어 보는 것도 좋겠다. 이때 중요한 것은 위의 상황일 때 내가 느끼게 될 감정을 최소 두 개 이상 적어 보는 것이다. 개인적으로 위의 상황이 발생했다고 상상했더니 메모장에 쓰게 된 감정은 다음과 같았다.

걱정
분노
의심
불안

떠오르는 감정을 나열해 보았다면 그 감정이 '왜' 생겨났냐는 것인지 살펴야 한다. 예를 들면, '걱정'이라는 감정은 '혹시 사업 파트너에게 무슨 일이 생긴 건 아닐까?'하는 마음에서 생긴 것이다. '분노'는 '3일씩이나 말도 없이 연락이 안 된다니. 나를 무시하는 건가?'라는 생각에서 생겼을 것이다. 그런데 과연, 이 두 가지 감정 중 한 가지만 생길까? 단언컨대 나는 '아니다.'라고 답할 것이다. 만약 이런 상황이 실제로 발생한다면, 우리는 두 가지 감정이 복합적으로 나타날 것이라 확신하기 때문이다. 쉽게 말해서, "걱정이 되지만 화가 나기도 하고, 불안하면서도 의심이 들기도 하는" 복잡한 감정이 뒤섞일 것이라는 의미다. 그리고 그러한 감정들이 '왜' 생겼는지 스스로에게 질문을 이어가다 보면 감정의 원인을 알게 된다. 그리고 그것들은 모두 글감이 된다. 여기서 중요한 것은 글을 쓰는 과정에서 위의 감정 중 하나를 선택해서 쓰려 하지 말고 복잡한 감정들이 모두 들어간 상태에서 글쓰기를 시작하려는 습관을 들여야 한다는 것이다. 이런 이야기를 하면 누군가는 "당연한 거 아니야?"라는 생각을 할 수 있겠지만, 그 당연한 것을 막상 글쓰기로 옮기려 할 때면 대부분의 사람은 위의 감정들 중 한 가지에만 집중해서 이를테면 '걱정'에 관한 감정만 가지고 글을 쓴다거나, '분노' 혹은 여타 다른 감정 중 한 가지에만 포커스를 맞춰서 글을 쓰기 일쑤다. 물론, 그렇게 쓴 글도 누군가에게 충분한 공감을 줄 수 있을 것이다. 다만 내가 말하고 싶은 것은 보다 더 깊이 있는 글, 그러니까 똑같은 글일지라도 읽는 사람에 따라 다른 감정을, 복합적인 감정을 풍부하게 경험하도록 하기 위해서는 위의 감정들을 모두 포함한 상태에서 글쓰기를 출발해야 한다는 것을 말하고자 하는 것이다.

만약, 잃어버린 반려동물을 다시 찾았다면 나는 어떤 감정일까?

같은 방식으로 떠오르는 감정들을 메모장에 나열해보자. 이때, 상황을 늘려갈수록 느낄 수 있는 감정의 개수도 점차 늘려보는 것을 추천한다. 개인적으로 떠오른 감정들은 다음과 같았다.

안도감
미안함
자책
기쁨
불안
두려움

 위와 마찬가지로 우리는 위의 감정 중 한 가지만 느끼지는 않는다. 안도감이 드는 한편, 가슴 속에 꾹꾹 담아두었던 미안함이 자책과 함께 밀려들기도 한다. 다시 찾았다는 생각에 너무나도 기뻤다가, 혹시 또 잃어버리면 어쩌나 불안해지기도 한다. 그리고 이 모든 감정들은 차례로 생겨나는 것 같지만 자세히 들여다보면 한꺼번에 복합적으로 뒤엉켜 발생한다.

 이처럼 우리는 한 가지 상황에서도 한 가지 감정만 느끼지는 않는다는 것을 항상 염두에 두고 글쓰기에 접근하는 것이 중요한데, 이렇게 접근하는 게 중요한 이유는 그것이 바로 '보편적 공감대'를 형성하기 때문이다. 이는 논리적으로 굉장히 당연한 말이다. 한 가지 상황에서 한 가지 감정만 느끼지 않는 것이 보편적인 일이기 때문에, 여러 감정을 복합적으로 담아 글을 쓴다면, 당연히 보편적인 공감대를 형성하는 글이 나올 수 있는 것이다.

그렇다면-
'덤덤하다.'는 건 어떤 감정일까?

<덤덤하다>는 것을 소재로 한 번 어떤 감정들을 표현할 수 있을지 메모장에 적어 보는 것도 좋겠다. '덤덤하다.'라는 문장을 보았을 때 드는 감정들을 나열해도 좋고, '덤덤하다는 것은'으로 시작하는 나만의 정의를 문장으로 써봐도 좋다. 사전적 정의는 다음과 같다.

- **특별한 감정의 동요 없이 그저 예사롭다.**
- **말할 자리에서 어떤 말이나 반응이 없이 조용하고 무표정하다.**
- **음식의 맛이 잘 안 나고 몹시 싱겁다.**

사전을 검색해 보면 '덤덤하다.'라는 말에도 다양한 정의가 있다는 것을 알 수 있다. 여기서 한 가지 추천하고 싶은 것은 글을 쓸 때, 사전을 많이 검색해 보는 것이다. 어떤 감정이 떠올랐을 때, 그것과 비슷한 다른 단어를 찾아보거나 혹은 그 단어의 '정의'를 찾아보는 습관을 들이는 것은 매우 중요하다. 사전적 정의를 찾다 보면 그 안에서 또 다른 글감이나 소재를 얻게 되는 일이 생기기도 하기 때문이다. 그래서 계속해서 글쓰기를 이어가고 싶은 분들이라면 평소에 사전을 가까이하는 습관을 들이는 것을 추천하고 싶다.

다시 본론으로 돌아와서, 나는 두 번째 에세이 <외로운 것들에 지지 않으려면>에 수록된 글에 '덤덤하다'라는 감정을 소재로 아래와 같은 글을 썼다.

[덤덤한 것은]
덤덤한 것은 말 그대로 덤덤한 것이지
괜찮은 것이 아니다.
덤덤하다는 말은
익숙해져 무뎌졌다는 것이고

**이건 때로, 괜찮지 않다는 말보다 더
아픈 말이다.**

나는 덤덤하다는 감정을 '익숙해져서 무뎌진 감정'으로 정의했다. 이러한 감정은 겉으로 보기에는 괜찮아 보여도 실은 어떤 대상을 포기한, 위험한 감정일 수도 있다고 생각했기 때문이다. 그래서 마지막 문장에 '괜찮지 않다는 말보다 더 아픈 말'이라고 덤덤하다는 감정에 대한 정의를 새로 한 것이다.

우리가 외부로부터 어떤 충격을 받을 때, 그것을 소화하는 방식은 사람마다 다 다르다고 생각한다. 예를 들어 누군가는 충격을 받자마자 '아프다.'라고 느끼는 사람이 있는 반면, 또 다른 누군가는 충격을 받았을 당시에는 아픈 줄 몰랐다가 시간이 흐르면서 점점 마음이 다쳤다는 것을 깨닫기도 하듯이. 그 과정에서, '덤덤하다'라는 감정의 단계 역시 저마다의 정의가 다를 수 있다고 생각한다. 누군가에게는 덤덤하다는 것이 정말로 상처를 딛고 일어서서 괜찮아진 상태를 의미할 수 있고, 나처럼 덤덤한 것을 사실 '괜찮지 않은 상태'로 생각할 수도 있다. 중요한 것은 앞서 말한 것처럼 '나만의 정의'를 내려보는 연습을 하는 것이다. 윗글처럼 내가 직접 경험했던 감정을 어떻게 글로 풀어냈는지, 그 과정을 몇 가지 예시를 통해 소개해 보고자 한다.

아래는 '감정적인 모순'이라는 소재를 통해 복합적인 감정을 담아 썼던 글인데, <이해, 서운함의 영역>이라는 제목의 이 글은 독립 출판으로 처음 제작했던 <어느 날 뚜벅이가 걸어왔다, 말을>에 수록된 글로, 당시 각종 SNS에서 약 3만 명의 공감을 받았던 글이자, 앞서 말했던 MBC 김현철 님의 라디오에서 오프닝 멘트로 소개 되었던 글이다.

[이해, 서운함의 영역]
이해는 이해고, 서운함은 서운함이다.
이해는 이성의 영역이고,
서운함은 감정의 영역이기 때문이다.
따라서,
'이해는 하는데 서운하다'라는 말은, 모순이 아니다.

우리는 흔히 머리로는 이해하지만 마음으로는 이해가 안 되는 상황을 마주하고는 한다. '이해, 서운함의 영역'은 그러한 우리의 복잡하고도 얼핏 보아서는 모순적인 감정을 나만의 정의로 정리해 본 글이다. 이 글을 처음 썼을 때, 나는 이해를 '머리로 하는 이성의 영역'으로 서운함을 '마음으로 하는 감성의 영역'으로 나누어 생각했다. 이렇게 나누어 생각한 후에 그렇기 때문에 이해는 하지만 서운하다는 말은 모순이 아니라는 정의를 만들었다. 세 번째 예시글은 '공감'이라는 소재로 쓴 글로, 제목은 '인생의 회전목마'이다.

[인생의 회전목마]
공감이라는 말은 참 얇디얇다.
사람 살아가는 것이 종이 한 장 같아서
절대 이해할 수 없으리라 자부했던 이야기가
부메랑이 되어 내게 돌아오기도 하고
내가 평소에 '혐오한다'라고 생각했던 모습이
어느 날 거울 속에 담겨 있기도 한다.
그래서 우리는 언젠가는
공감할 수 있는 걸지도 모른다.

어제의 상대가 오늘의 내가 되기도 하므로.

 이 글을 썼을 당시, 나는 공감은 어디서 오는 감정일까? 하는 질문을 스스로에게 던졌었다. 단순하게 생각해 보면 우리는 같은 경험을 공유할 때 공감한다고 말을 하고는 한다. 예를 들면, 같은 직업군을 지닌 사람들과의 대화 속에서 공감한다거나, 아니면 같은 시간대를 함께 보낸 사람들과는 그 시절에 대해 이야기를 나누면 공감대가 형성된다거나 하는 식으로 말이다. 이러한 생각은 결국 '공감'의 중요한 요소는 '경험'이라는 생각으로 이어졌는데, 당시 나는 이를 통해 공감할 수 있는 범위는 어디까지일까? 하고 더 깊이 질문을 던져보았다. 그 과정에서 나는 '내가 평소에 혐오한다고 생각했던 누군가의 모습이 나에게서 보인다면?'이라는 질문이 떠올랐다. 예를 들면 '나는 절대 그럴 일 없어.' 혹은 '나는 절대로 저렇게는 안 해.'라고 생각하며 살았는데, 어느 순간 나도 그런 행동을 하고 있는 경험을 한다면? 그래서 그 상대에게 공감한다면? 이런 생각을 했던 것이다. 생각이 거기에 다다랐을 때, 나는 실제로 내가 이해하지 못했던 사람과 같은 행동을 했던 때를 떠올리고 있었고, 그 경험은 내게 말로 설명하기 어려운, 일종의 반성과 겸손함을 심어 주었다. 삶이, 인생이, 모두 내 마음대로 되지는 않는다는 것, 나의 선택이 언제나 옳지 않을 수도 있다는 것, 모두, 각자의 사정이 있을 수 있다는 것. 그런 것들을 깨닫게 되었기 때문이다. 그리고 그 마음을 담은 것이 '그래서 우리는 언젠가는 공감할 수 있는 걸지도 모른다. 어제의 상대가 오늘의 내가 되기도 하므로.'라는 마지막 문장으로 이어졌던 것 같다.

네 번째 예시글은 세 번째 에세이 <우리를 사랑이라 말할 수 있다면>을 출간하면서 새로 작업했던 글로, 비교적 최근에 쓴 글이다. 20대 초중반에 출간했던 <어느 날 뚜벅이가 걸어왔다, 말을>과 <외로운 것들에 지지 않으려면>에 비해 30대가 되어 출간한 <우리를 사랑이라 말할 수 있다면>을 작업할 때는 20대 때에는 생각하지 못했던 시선들이 곳곳에 담겼는데, 그 시선 중 하나가 나이가 들어갈수록 옳고 그름의 경계가 희미해지는 순간을 겪는다는 것이었다. 이러한 시선은 내게 자연스레 옳은 것은 무엇이고, 틀린 것은 무엇인가? 하는 질문으로 이어졌다. 모든 일에는 각자의 이유와 사정이 있기에, 점점 더 삶이 어려워지는 것 같다는 생각을 했기 때문이다. 아래에 소개할 글은 그런 생각을 하다가 쓰게 된 것으로, '옳고 그름'을 소재로 한, '하나의 깨달음'이라는 글이다.

[하나의 깨달음]
좋은 것이 늘 옳을 수는 없다.
싫은 것이 늘 틀릴 수는 없다.
좋고 싫음이, 옳고 그름이 아님을 깨달을 때,
우리는 삶에 익숙해진다.

 이 글을 썼던 당시, 나는 내가 좋아하는 무언가가 누군가에게는 옳지 않은 일일 수도 있으며, 반대로 내가 싫어한다고 하여 그것이 모두에게 옳은 일도 아니라는 생각을 하고 있었다. 그러한 생각은 이내, '좋고 싫음이 옳고 그름의 기준이 될 수 없다.'는 방향으로 이어졌고, 이것을 깨달을 때, 어쩌면 우리는 점점 삶에 익숙해지는 것일지도 모른다는 생각을 했다. 어떻게 보면 이런 감정을 느끼는 과정이 복잡한 세상에 점점 적응해 가는 과정일지도 모른다고 생각했기 때문이다.

마지막 예시글은 '위로'를 소재로 쓴 글로, 이 글은 실제 자주 겪었던 경험을 바탕으로 쓴 글이다. 왜 그럴 때 있지 않나. 오래 알고 지냈던 사람들에게는 말하기 망설여졌던 일들이 여행지에서 우연히 만난 사람들에게는 술술 나오기도 하는 때가. 그건 아마도 '한 번 보고 말 사람'이라는 것과 '이 사람들은 나에 대해 잘 모르는 사람들이다.'라는 전제가 묘하게 마음을 편안하게 만들어 주기 때문이다. 쉽게 말해, 나에 대한 정보가 아예 없는 사람과 대화할 때 조금 더 가벼운 마음으로, 쉽게 속에 있는 말을 꺼낼 수 있게 되는 순간도 있다는 것이다. 그래서 나는 그 아이러니한 감정을 글로 기록해 보았다.

[위로의 아이러니]
아이러니하게도 우리는
가장 가까운 사람들이나 우리가 사랑하고 믿고 의지한다고 여겼던 사람들보다 생각지도 못한 상대에게, 위로를 받게 되는 순간을 겪는다.
그리고 그 순간은 생각보다 큰 위로가 된다.

이처럼 내면을 들여다보는 글쓰기는 결국 '솔직한 나'를 마주하게 되는 과정이라고 할 수 있다. 공감을 주는 글을 쓴다는 것 역시, 결국 평소 누군가에게 차마 말하지 못했던 솔직한 감정을 작가가 대신 말해주는 것과 일맥상통한다고 생각하기 때문이다. 그렇기에 작가는 언제나 사람들에게 '나'를 드러낼 준비를 해야 한다고 생각한다. 그러기 위해, 계속해서 글을 쓰고자 한다면 이 말은 꼭 해주고 싶다.

어떤 현상이나 질문이 떠올랐을 때
그에 대해 끈질기게 파고 들어가서
나만의 정의를 내려보는 연습이 중요하다는 것.

 이를 실천하기 위해서는 그때그때 느끼는 무수히 많은 감정을 그냥 지나치지 않고 짬짬이 메모하는 습관을 들이는 것이 중요하다. 처음부터 마음에 드는 글을 쓸 가능성은 희박하기 때문에, '일단 써보고 퇴고하자!'라는 마음가짐을 장착한 채 말이다. 나 역시, 이 마음이 준비되었던 때가 비로소 글쓰기를 '감각'이 아닌, '일'로 받아들이기 시작한 순간이었다.

글감이 되는 소재를 찾는 방법

"소재는 어떻게 찾아야 하는 걸까요?"

글을 쓰기로 마음먹은 순간, 첫 번째 관문처럼 느껴지는 건 '소재'를 찾지 못하고 있을 때다. 이제 막 글을 써 보겠다고 패기롭게 노트북을 켰는데. 막상 워드 프로그램 화면에 깜박이는 커서를 보고 있자니 하얀 것은 배경이요, 검은 것은 글씨로다, 라는 생각만이 가득하면서 와중에 글자는 하나도 없으니 하얀 것이 꼭 내 머릿속 같구나, 라는 시답잖은 생각이나 하게 된다. 나 역시, 맨 처음 글을 쓰기 시작했을 때는 소재를 찾는 방법을 터득하기 위해 꽤 애를 먹었다. 솔직히 말하자면 소재를 찾는 것 자체가 어려운 것이라기보다는 글쓰기로 이어갈 만한 소재를 찾는 게 어렵다. 사실, 소재라는 것은 눈에 보이는 모든 것들이 될 수 있지 않은가. 당장 내가 뒹굴거리고 있는 침대가 소재가 될 수도 있고, 밥그릇이 될 수도, 길거리에 줄지어 늘어선 나무가 될 수도, 푸른 하늘이 될 수도, 100억짜리 아파트가 될 수도 있는 것이니 말이다. 문제는 그 소재들을 가지고 어떻게 글쓰기를 할 것이냐인데, 바로 거기에서 말문이 막히면서 글을 써야겠다는 자신감이 한순간에 무너지는 경험을 하게 된다. 이러한 심리를 반영한다면, 위의 첫 번째 질문은 이렇게 바뀌어야 할 것이다.

"글감이 되는 소재는 어떻게 찾아야 하는 걸까요?"

예전의 나였다면 '글쎄요.' 따위의 답이나, '그냥 일단 한번 시작해 보시죠!'라는 말로 하하하하 어색하게 웃으며 질문에 대한 답을 피했을 것이지만, 지금의 나는 나름대로 글감이 되는 소재를 찾는 방식을 찾게 되었다. 아주 획기적인 방법은 아니지만, 일상에서 꽤 심심찮게 써먹을 수 있는 실용적인 방법이다.

우선, 깊이 관찰하고 사유하는 것이다.

일상의 평범한 장면도 관찰하고 깊이 사유해 보면 똑같은 일상일지라도 내 생각이 덧칠되며 새로운 글이 된다. 이런 관찰과 사유에 감정과 상황을 연결해 내는 기술은 연습을 통해 조금씩 길러지는데, 나는 개인적으로 마인드맵을 그려보는 편이다.

**마인드맵을 통한
나만의 소재를 찾아보는 것.**

마인드맵의 사전적 정의는 '마음속에 지도를 그리듯이 줄거리를 이해하며 정리하는 방법'을 말한다. 즉, 마인드맵이란 가장 중심에는 내가 활용하고자 하는 중심 개념을 적고, 거미가 줄을 치듯 그것과 연관이 있는 단어들을 가지치기하듯 뻗어나가는, '브레인스토밍' 형식의 사고를 이미지화하는 연습을 하는 데 필요한 도구인 것이다. 나는 글감을 찾을 때 앞서 언급했던, 내면을 들여다보는 방식을 마인드맵을 만드는 방식에 접목해서 찾아보는 편이다.

만약 '사랑'이라는 소재를 가지고 글을 쓰고자 한다면, 어떻게 마인드맵을 만들 수 있을까?

 마인드맵을 만들기에 앞서 내가 생각하는 '사랑'이라는 것은 어떤 감정인지, 나만의 정의를 내려보는 과정을 먼저 해보는 것이 중요하다. 쉽게 말해, '사랑'이라는 단어를 보았을 때 머릿속에 떠오르는 단어들을 나열해 보는 것이다. 내가 사랑에 관한 에세이를 썼을 당시 나열했던 수많은 단어 중 몇 가지는 아래와 같았다.

짝사랑
애증
집착
분노
원망
배신감

 나는 이 감정 중, '짝사랑'이라는 키워드를 가지고 글을 써봐야겠다고 생각했던 순간이 있었는데, 추상적인 소재를 바탕으로 만든 마인드맵은 아래와 같았다.

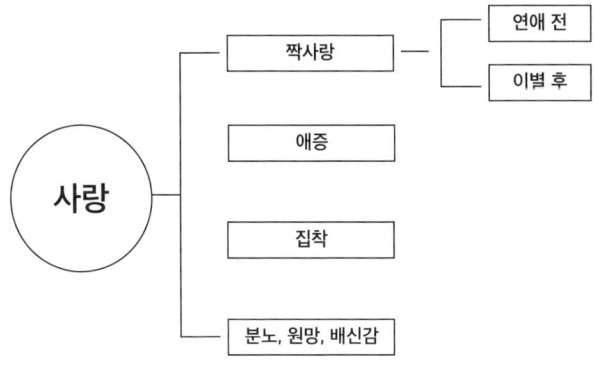

　포인트는 사랑이라는 중심 키워드를 '연애 전에 하는 짝사랑'과 '이별 후에 하는 짝사랑'으로 한 번 더 분리시켜 본 것이었다. 혼자 하는 사랑이 꼭 누군가와 연인이 되기 전에만 느낄 수 있는 감정은 아니라는 생각이 들었기 때문이다. 이별을 한 후에도 우리는 충분히, 어쩌면 더 애틋하게 홀로 사랑할 수 있다는 생각이 들었기 때문이다. 물론 짝사랑의 대상이 반드시 애인을 대상으로 할 필요는 없다. 사랑의 대상은 무궁무진하게 달라질 수 있으니 말이다. 중요한 것은 그 대상이 누구든지 간에, **글감으로 활용할 만한 소재는 나의 환경에 변화를 주었거나, 심경에 변화를 준 대상이어야 한다는 것이다.** 환경 혹은 심경에 변화를 준 대상은 곧, 나에게 의미 있는 대상이 되기 때문이다. 눈에 보이는 모든 것을 소재로 삼을 수 있다는 전제를 깔되, 개중에서 나의 환경이나 심경에 변화를 줄 수 있다고 판단되는 소재를 글감으로 삼아 글쓰기를 할 때, 좋은 글이 만들어질 수 있다는 것이다. 나에게 의미가 있는 대상이어야 그 안에 내가 담고자 하는 메시지를 찾는 것 또한 훨씬 수월해지기 때문이다. 위 마인드맵을 만드는 과정을 통해 완성된, 이별 후에 하는 짝사랑을 소재로 한 글은 아래와 같다.

[또 하나의 시작]
나는 어쩌면 매일을 사랑했다.
당신께 머물던 날에는 함께 사랑했고
당신께 머무를 수 없게 된 지금은
홀로 사랑함으로.
그렇기에 이별은 헤어짐이 아닌,
또 다른 사랑의 시작이다.

 이 글에는 '이별 후에 하는 짝사랑'이라는 소재를 담은 한편, '이별'이라는 단어를 활용해서 '이별이 또 다른 사랑의 시작이다.'라는 나만의 메시지를 담았다. 보통 우리는 이별을 사랑의 끝으로 정의하고는 하지만, 사실 헤어졌다고 하여 그 사랑이 바로 무 자르듯 뚝 끝나지는 않는다고 생각한다. 물론 그런 경우도 있겠지만, 대부분의 감정은 하루아침에 확 사라져 버리는 것은 아니라고 생각한다. 어떤 경우든, 내가 주목하고자 했던 부분은 이별 후에도 이어지는 사랑이었다. 그래서 자연스레 이별은 헤어짐이 아닌 또 다른 사랑의 시작, 즉, 함께 하는 사랑이 아닌 홀로 하게 되는 사랑의 시작이라는 주제를 끌어내게 된 것이다.

**소재를 찾는 두 번째 방법은
'만약의 법칙'을 활용하는 것이다.**

만약의 법칙이라는 것이 어디에 등록된 법칙은 아니고, 내가 개인적으로 부르기 편하게 이름을 붙인 것이다. 다른 표현들로는 시선 비틀기, 대상의 입장에서 생각해보기, 대상을 의인화 해보기라고 말할 수도 있다. 만약의 법칙은 내가 평소 글감을 찾는 데 실제로 활용하는 방법이기도 한데, 예를 들자면 이런 것이다.

"만약 계절과 대화를 나눌 수 있다면?"

즉, 현실에서는 일어나지 않을 질문을 던져보는 것이다. 이런 질문을 던졌다고 가정하게 되면, 우선 '계절과 대화를 나눌 수 있다.'는 전제가 깔리게 되면서 자연스레 '계절'을 살아있는 대상으로 표현할 수 있는, 이른바 '의인화'를 할 수 있게 된다. 또한, 내가 봄 여름 가을 겨울 중, 어떤 계절에게 무엇을 물어보고 싶은지에 대해서도 자연스레 생각해 볼 수 있게 된다. 이렇게 '만약에-'라는 질문을 통해 나온, 다소 터무니없게 느껴질 수 있는 질문을 시작으로 앞서 언급했던 마인드맵의 가지를 조금씩 만들어가다 보면, 내가 쓰고자 하는 것, 그러니까 '태초에 왜 저런 질문이 떠올랐지?'라는 질문에 대한 답을 찾아갈 수 있게 되는데, 이는 곧 글의 방향성이 설정되는 것과 같은 효과로 이어지게 된다. 비슷한 예로, 위의 계절과 관련한 질문을 떠올렸다면 이어 '만약 여름의 입장에서 겨울을 본다면?'이라는 질문을 던져볼 수도 있다. 내가 만약 여름인데, 겨울을 본다면 어떤 생각을 하게 될까? 무엇을 물어보고 싶을까? 하는 등의 상상을 해보는 것이다. 이렇게 평소 눈에 보이는 모든 것들에 '만약에~한다면?'을 붙여서 바라보는 연습을 하다 보면 그저 평범한 일상도 나만의 시선으로 특별하게 묘사할 수 있는 습관이 생기게 된다. 이런 식의 상상을 계속해서 반복하다 보면 눈에 보이는 모든 대상에 '만약에 ~라면?'이라고 덧붙여 보는 습관이 생긴다. 즉, 관찰과 사유를 시작으로 한가지의 키워드를 '만약의 법칙'을 활용해 더 넓게 확장해 나가는 연습을 해보는 것이다. 이는 마치 익숙한 무언가에 질문을 던져 낯선 대상으로 만드는 훈련과 비슷한데, 이는 익숙한 것을 낯설게 봄으로 다양한 글감을 얻을 수 있는 훈련이자, 상상력을 키워줄 수 있는 글쓰기의 핵심 기술로 연결될 것이다.

혹시 모르지 않나.
어느 순간, 생각지도 못한 것들이 떠오를지.

한 개의 글에는 하나의 주제를 담아야 한다

"주제란 무엇인가요?"

글감이 될 만한 소재를 찾았다면 그 소재를 활용해 나만의 메시지, 즉 주제를 담는 방법에 대한 고민을 시작해야 한다.

그렇다면
'주제'란 무엇일까?

주제의 사전적 정의는 '대화나 연구 따위에서 중심이 되는 문제', '예술 작품에서 지은이가 나타내고자 하는 기본적인 사상'이다. 즉, 작가가 글을 통해 전하고자 하는 중점적인 사상이라는 뜻이 된다. 그렇다면 주제를 효과적으로 전달하려면 어떻게 해야 할까?

한 개의 글에는 '하나의 주제'가 들어가도록 써야 한다.

바꿔 말하자면, 하고 싶은 이야기를 한 가지만 넣어야 한다는 것이다. 이 말을 들으면 혹자는 이렇게 질문할 수도 있다. "읽는 사람에 따라서, 읽는 시기에 따라서 다르게 해석되는 글도 있지 않나요?"라고 말이다. 이 질문에 대한 나의 답은 "네, 맞습니다."다. 그러나 그것은 독자의 몫이지 작가의 몫은 아니다. 흥미로운 것은 '이럴 수도 있고 저럴 수도 있는 글'이 아닌, "하고 싶은 말이 명확한 글일수록, 독자들은 다방면으로 해석한다는 것"이다. 왜 그럴까? 그것은 독자에게 뚜렷한 한 가지의 화두를 던졌기 때문이다. 쉽게 말해서, 작가가 전달하고자 하는 바를 명확하게 담을수록 더욱 다양한 해석의 글이 나올 수 있다는 것이다.

해석은 독자의 몫.
작가는 언제나 내가 전하고자 하는 분명한 메시지가 있어야 한다.

한 가지 주제를 담는 방식과 관련하여, 아래 내가 실제 썼던 글들을 바탕으로 조금 더 실질적인 이야기를 해보고자 한다. 아래는 <외로운 것들에 지지 않으려면>에 수록된 글로, '인간관계'를 소재로 쓴 '이번에는 다르기를'이라는 글이다.

[이번에는 다르기를]
절대적인 관계는 없다.
가령, '나는 절대로 너를 떠나지 않아'라든가,
'우리는 절대 그럴 일 없어'는 사실이 아닌 염원 같은 것이다.
남들 다 그래도 적어도 우리는 다르기를, 조금은 특별하기를,
그래서 상처받지 않기를.
그러나 애석하게도 우리는 많은 관계로부터 그것이 사실이 아니었음을 깨달으며 성장해 간다.
그러나 또한 애석하게도 우리는 또 한 번 믿어본다.
이번에는 다르기를.
그래야 또 사랑하니까. 살아가니까.

윗글을 통해 내가 담고 싶었던 메시지는 '인간관계를 맺다 보면 상처를 받는 순간이 반드시 오지만, 그럼에도 불구하고 또 사랑하고, 살아가기 위해서는 새로운 인연을 받아들일 줄 알아야 한다.'였다. 이 생각의 기저에는 결국, '인간은 혼자서는 살 수 없는 존재다.'라는 생각이 깔려 있는데, 그게 바로 이 글의 핵심 주제이다. 만약 윗글을 쓰기 전, 내가 '인간은 혼자 살 수 없는 존재다.'라는 인간에 대한 명확한 정의를 내리지 못했다면, 위와 같은 글은 쓸 수 없었을 테니 말이다. 이처럼 작가는 글을 쓰기에 앞서 '내가 전하고자 하는 메시지는 무엇인가?'에 대해 깊이 생각해 보고, 그 글을 통해 독자에게 전달하고 싶은 '가장 중심에 있는 하나의 주제'를 찾는 연습을 하는 과정이 반드시 필요하다.

나만의 표현법 만드는 연습하기

마인드맵과 만약의 법칙을 통해 소재를 찾았다면,
독자에게 전하고자 하는 하나의 주제를 정했다면,

그 소재와 주제를 나만의 언어, 즉 **'나만의 시각'**으로 표현해 보는 연습이 필요하다. 이는 곧, 작가로서의 실력을 갖추기 위한 훈련의 기록과도 이어지는데, 실제 내가 글쓰기를 할 때 활용하는 두 가지 방법을 소개하고자 한다.

먼저 글을 쓰고자 하는 대상을 정했다는 가정하에, 나는 그 대상을 **새로운 단어에 비유**해 보고 두 번째로 그 **비유를 바탕으로 '나만의 주제'를 끄집어내는 방식**을 사용한다. 이는 앞서 언급했던 나만의 정의를 내려보는 방법과 비슷한 과정이기도 한데, 이번에도 실제 쓴 글을 예시로 들면서 대상을 새로운 단어에 비유하는 방법에 대해 조금 더 상세히 풀어가 보고자 한다.

아래는 사랑이라는 소재를 낮잠이라는 새로운 대상에 비유해서 쓴 글이다.

[낮잠]

너는 꼭 낮잠 같다.

한잠 자고 나면

모든 것이 꿈같이 느껴져.

정작 자야 할 땐

눈만 끔뻑이게 되고.

이 글은 사랑이라는 추상적인 소재를 낮잠이라는 구체적인 대상에 비유한 것으로, 추상적 소재를 구체적인 단어로 대체함으로써 '내가 생각하는 사랑이란?'에 대한 질문에 '낮잠과 같다.'는 나만의 답을 내려 한 편의 글을 완성한 것이다. 여기서 중점적으로 생각해 봐야 할 포인트는 추상적인 소재에 눈에 보이는 옷을 입힌다고 상상해 보는 것이다.

옷을 입는다는 것.

 옷을 잘 입기 위해서는 생각보다 고려해야 할 것이 많다는 것을 우리는 이미 알고 있다. 어떤 옷을 어떻게 입느냐에 따라서 그 옷을 입은 사람이 달라 보이기 때문이다. 나만의 표현법을 만드는 것 역시 이와 같은 맥락에서 바라볼 수 있다. 쉽게 말해, '나만의 옷장을 만드는 과정'을 이어간다고 생각해 보는 것이다. 막연하게나마 어떤 소재를 가지고 글을 써보고 싶다는 마음을 품게 되었다면, 그 추상적인 대상에 어떤 옷을 입혀야 잘 어울릴지 상상해 보는 것이다. 옷의 종류가 다양하듯, 나만의 표현법 역시 다양하게 만들어질 수 있다. 나만의 문체라든가, 내가 자주 사용하게 되는 비유법이라든가, 글쓰기를 위한 나만의 습관은 만들기 나름일 것이다. 물론 이처럼 어울리는 옷을 한 번에 찾아 입히는 것은 하루이틀 만에 익힐 수 있는 감각은 아니다. 그렇기에 나는 그 출발선에 있는 많은 분에게 우선 하나의 추상적인 소재에 나만의 정의를 내려보는 연습에서 출발하는 것을 강조하고 싶다. 옷장에 옷을 진열하는 마음으로, 표준국어대사전에 나만의 정의를 업데이트하는 심정으로 말이다. 이러한 훈련을 반복할 수 있다면 언젠가 나만의 색감과 스타일로 가득한 옷장이 완성될 것이다.

훈련은 어떻게 이어갈 수 있을까.

글쓰기를 이어간다는 것은 운동을 꾸준히 하는 것과 같다. 나는 20대 때부터 지금까지 꽤 꾸준히 요가를 이어오고 있는데 요가를 하면서 글쓰기를 포함한 모든 예술과 예술이 품고 있는 사람이 살아가는 이야기에는 일정한 공간과 여유가 필요하다는 생각을 하게 되었다. 완벽한 요가 자세를 만들기 위해서는 몸 안에 공간을 마련해야 한다. 그 비워진 여유 공간으로 숨을 내쉬어야 비로소 편안해지기 때문이다. 그리고 이러한 여유 공간은 글쓰기를 포함한 모든 삶에 필요한 지혜라는 생각을 하게 되었다. 사람들은 여유 공간이 느껴질 때 비로소 그 대상에서 안정감을 느끼기 때문이다. 이를 글쓰기에 빗대어 본다면, 글쓰기가 치유의 과정임을 상기할 때, 치유를 위해서는 여유로운 마음이 꼭 필요하다는 말로 이어진다.

그렇다면, 나의 글에서 여유 공간이 느껴지도록 하려면 어떻게 해야 할까?

해답은 결국 '관찰'에 있다. 무언가를 깊숙이 관찰하는 보는 습관을 들이는 것. 그것이 곧 작가로서의 실력을 갖춰나갈 수 있는 가장 중요한 방법이자, 세밀한 글쓰기를 할 수 있는 유일한 방법이다. **글쓰기는 감성에서 출발하여 기술력으로 완성하는 일종의 계속되는 스포츠 같은 것이다.** 여기서 말하는 기술력이란 결국, 내가 어디에서 어떤 단어를 쓰고, 어느 문장을 짧게 끊어 갈 것인지, 한 호흡을 어디까지로 하여 집중도를 높일 것인지 다양한 요소들을 고려하는 것과 같은데, 그것을 내 마음대로, 즉, 자유자재로 컨트롤할 수 있을 때 비로소 여유 공간이 생기게 된다. 내가 여유 공간을 어디에 둘지 선택할 수 있어야 한다는 뜻이다. 뭔가 어렵게 설명하게 되는 것 같지만 요점은 간단하다.

글을 쓴다는 건
결국 무언가를 계속해서 관찰하여
그것을 기록으로 남기는 행위를 반복하면서

내 감정을,
내 시선을,
자유자재로 표현할 수 있는 기술력을 갖추는 과정이라는 것.

그리하여 사람들이 여백의 미를 느낄 수 있도록
내가 원하는 곳에
내가 원하는 모양의 여유 공간을 만들 줄 아는 사람이 되는 과정이라는 것.
그 여유 공간을 통해 궁극적으로는 내가, 내 글을 읽는 사람들이, 숨을 쉴 수 있도록 만들어가는 과정이라는 것이다.

계속 쓰는 삶이 현실적으로 녹록지 않은 이유 역시 여기에 있다. 글을 쓴다는 건 세상 곳곳을 관찰하는 일이고, 기민하게 관찰을 이어간다는 것은 나의 에너지와 신경을 굉장히 많이 써야 하는 일이라는 뜻이기도 하니까. 쉽게 말해, 피곤한 일이라는 의미다. 매일 세상을 향해 촉각을 곤두세우고 관찰하는 일상을 이어간다고 상상해 보자. 그 얼마나 피곤한 일이겠는가. 하지만 그럼에도 불구하고 글을 쓰는 사람에게 있어서, 관찰을 이어가는 행위는 가치가 있다고 생각한다.

세상을 향한 관심.
아주 사소한 것이라 생각했던,
스치듯 지나쳤던 소소한 일상 속 무언가에
나만의 의미를 부여하는 일.
그것이 왜 소중한지,
왜 그냥 지나쳐서는 안 되는지,
그것을 지나치지 않았을 때 내가 삶에서 얻게 되는 깨달음은 무엇인지,
그 깨달음이 내게 주는 위로의 크기는 얼마나 큰지.

그것들을 알아가는 경험을 하나둘 늘려갈 수 있다면, 그것이 주는 가치가 무궁무진하다는 것 또한 깨닫게 될 것이라 믿기 때문이다. 그리고 그 관찰자적 시선의 끝에는 언제나, 사람과 삶이 있을 것이다.

어떤 형식으로든, **글을 쓰는 사람은 사람을 이해하기 위해 노력해야 한다.** 어떤 대상에 대한 글을 쓰게

되더라도, 작가는 그 대상이 실제 살아 있는 사람처럼 들여다봐야 한다. 사람을 통하지 않고서는 절대, 삶을 이야기할 수 없기 때문이다. 그 과정 없이는 결단코, 깊이 있는 글을 쓸 수 없기 때문이다. 내가 부족한 사람이라는 것, 저 사람 역시 그저 나와 같은 사람일 뿐이라는 것, 그래서 조금 서툴 수 있다는 것. 이해되지 않는 수많은 갈등과 상처 속에서도 한 가지쯤, 내가 조금 더 나은 사람이 될 수 있는 무언가를 발견하는 것. 그렇게 한 걸음씩 천천히, 느리더라도 조금씩 앞으로 나아가는 것. 그것이 글쓰기가 주는 가장 큰 위로이기 때문이다. 그 지난한 과정은 돌고 돌아 언젠가, 나에게 생각지도 못한 위로와 힘을 줄 것이라고, 나는 확신한다.

4장

쓰는 방향으로 걸어간다

상업 작가가 되기 위해 알아야 할 세 가지

"왜 이래? 아마추어같이!"

 모 개그 프로그램에서 우스갯소리로 소비되었던 '아마추어'라는 말은 평상시 지인들과도 서로 한 번쯤 주거니 받거니 해 본 말일 것이다. 호기심에 사전에 <아마추어> 네 글자를 검색해 보았더니 아래와 같은 정의를 내놓았다.

아마추어(amateur)
명사 : 예술이나 스포츠, 기술 따위를 취미로 삼아 즐겨 하는 사람.

 한 문장에 들어 있는 많은 단어 중 내 눈에 들어온 것은 '취미로 삼아 즐겨 하는'이라는 부분이었다. 그럼 나는 아마추어잖아? 라는 생각이 먼저 들었기 때문이다. 하긴, 일을 한 햇수와 프로와는 관련이 없으니까. 내가 10년 동안 글을 썼다 한들, 나를 프로라고 할 수는 없다는 거다. 가만, 그럼 나는 이 책을 왜 쓰고 있지? 이 책을 쓸 자격이 있는가. 그런 생각을 이어가다가 이번에는 <프로> 두 글자를 사전에 검색해 보았다.

프로(professional)
명사 : 어떤 일을 전문으로 하거나 그런 지식이나 기술을 가진 사람. 또는 직업 선수.

흐음.

화면에 뜬 문장에서 내 미간을 좁아지게 만든 것은 '어떤 일을 전문으로 하거나'였다.

전문이라. 얼마나 해야 전문적인 거지? 그런 질문이 둥둥 떠올랐기 때문이다. 이것 참. 궁금증을 해결하려고 검색을 시도했는데 검색하면 할수록 궁금한 게 깊어지는 모순에 봉착한 것이다.

내가 가진 수많은 성격적 특성 중 가장 큰 장점이자

단점은 궁금한 것은 못 참는다는 것이다. 그리고 무언가 한 가지에 꽂히면 끝까지 가 봐야 직성이 풀린다는 것인데, 이번에도 나는 갑자기 <아마추어>라는 단어에 꽂혀서 단어의 어원을 찾아 떠나는 여행길에 오르게 되었다. (아마 이래서 스스로 불러온 재앙이 따로 없는 대학원생이 된 것이 아닌가 싶다)

어쨌든. 궁금한 건 못 참겠잖아. 아니, 이미 사전에서 친절하게 정의를 내렸는데 왜 이러는지 모르겠지만 이 글을 쓰고 있는 지금 이 순간에도 궁금하니까 어쩔 수 없다. 그런 결론을 스스로에게 쥐여주며 <아마추어 어원> 여섯 글자를 검색했다. 그러자 이런 검색 결과가 나왔다.

'아마추어'의 어원은 라틴어로, Amator(사랑하는 사람)에서 프랑스어 Amateur로 이어졌다. 원래 의미는 '애호가', 즉 업이 아니라 좋아서 어떤 일을 하는 사람을 뜻한다.

오호.

구겨져 있었던 내 미간을 활짝 펴지게 만든 것은 단연 아마추어의 어원이 '사랑하는 사람'이라는 거였다. 이렇게 아름다운 단어였다니. 상상도 못 했기 때문이다. 뒤이어 나오는 '애호가'라는 단어는 어쩐지 퍽 사무적이게 느껴질 정도였다. 사랑하는 사람이라니, 애인이라는 거잖아. 이 얼마나 로맨틱하고 낭만적인 단어란 말인가. 그러니까, 다시 생각해 보면- "왜 이래? 아마추어같이!"가 실은, "왜 이래? 애인같이!" 라는 거잖아. 맞지. 맞겠냐고. 의지와는 상관없이 줄줄이 이어지는 생각을 하며 혼자 바보처럼 큭큭거리다가, 다시 정색하고 아마추어의 어원에 대해 조금 더 찾아보기 시작했다.

아마추어(amateur)란 프로의 반의어로 직업이 아니라 취미로 무언가를 하는 사람을 뜻한다. 주로 예술, 스포츠 분야에서 쓰인다.

직업이 아니라 취미로 무언가를 하는 사람.
그것을 두고 아마추어라 한다.

이 대목에서 나는 고개를 끄덕일 수밖에 없었다. 직업과 취미의 차이에 대해 나름의 정의를 내려둔 상태였기 때문이다.

아마추어와 프로의 차이는 무엇일까?

이 질문에 대한 답을 내리기 위해서는 직업으로 하는 일과 취미로 하는 일의 차이에 대해 알고 넘어가야 한다. 내가 생각하는 아마추어와 프로의 차이는 "좋아하는 일만 할 수는 없음을 인지하고 있는지 아닌지"에서 나뉜다고 생각한다. 쉽게 말해, 프로는 하고 싶지 않은 일일지라도 해야 하는 상황에서는 해내는 사람이라는 것이다. 그것이 직업으로 하는 일과 취미로 하는 일의 가장 큰 차이다. 어떤 일을 해서 밥을 먹고 산다는 것은 누군가의 지갑에서 돈이 나온다는 의미고, 그건 그 액수에 대한 책임이 나에게 있다는 의미다. '취미로 돈 벌어요.'라는 말을 심심찮게 하곤 하지만, 사실 취미로 돈을 벌기 시작했다면 그건 이미 취미가 아닌 것이다. 취미였던 것이지. 취미로 시작했던 것일 뿐이지, 돈을 벌기 시작했다면 그건 엄밀히 말해 더는 취미가 아니게 되는 것이다.

프로는 하고 싶지 않은 일일지라도, 그 일을 먼저 끝낸 이후 내가 하고 싶은 일을 하는 사람이다. 이 말의 포인트는 하고 싶지 않은 일을 꼭 먼저 처리해야 한다는 게 아니라, "하고 싶은 것만 하고 살 수는 없다."는 것을 인지하고 있는 사람이 프로라는 것이다. 혹자는 하고 싶은 것만 하고 살아도 인생은 짧다, 한 번 사는 인생, 왜 하기 싫은 일을 해야 하냐? 고 물을 수 있다. 그렇다면 난, 여기에 한 번 더 질문하고 싶다.

당신이 하고 싶다고 말하는 그 일이 정말 평생토록,
미친 듯이 하고 싶은 일일 것이라 확신하느냐고.

아무리 사랑하는 일이어도, 사랑하는 대상이어도, 인내해야 하는 순간은 생긴다. 그것은 사랑하지 않아서가 아니다. 외려, 그것을 사랑하기 때문에 참고 인내해야 하는 순간이 있는 것이다. 좋아하는 일은 평생 좋아만 해서는 유지할 수 없다. 그 좋아하는 일이 지니고 있는 양면성, 마냥 좋다고만 생각했는데 알고 보니 나를 힘들게 하는 무언가가 있었다는 것을 깨닫는 순간에도 포기하지 않고 해나갈 때, 그제야 비로소 우리는 그 일을 사랑한다고 말할 수 있게 되는 것이다. 만약 아마추어라는 단어의 어원이 말하는 '좋아하는 일'의 뜻이 이러한 부분까지 포함하고 있는 거라면, 나는 앞으로 나를 소개할 때 "저는 아마추어입니다."라고 당당히 말할 것이다.

 무언가를 좋아한다는 건 단어 그대로 좋은 면만 있는 것은 아니다. 좋아한다는 단어의 이면에는 책임감이라는 무거운 단어가 늘 함께한다. 그러니 무엇이든 함부로 좋아한다고 말할 수는 없는 것이다. 호기심과 좋아한다, 사랑한다의 단어의 무게가 다른 것과 같다. 무언가를 좋아한다는 것. 사랑한다는 것은 대상의 모습에서 내가 평소 싫어하던 모습까지 사랑할 수 있는가? 에 대한 대답에, "그렇다."고 답할 수 있을 때, 진짜 사랑하는 것이라고 믿기 때문이다.

하기 싫은 일을 하는 사람이 프로가 아니다.
하기 싫은 일도 하는 사람이 프로다.

프로는 하기 싫은 일도, 주어진 마감 시간 내에 끝내는 사람이다.

쉽게 말해, 돈을 주는 사람의 일정에 문제가 생기지 않도록 클라이언트의 스케줄에 맞춰 업무를 끝낼 줄 아는 사람이 프로라는 의미다. 작가는 특히 더 그렇다. 마감은 필수다. 아무리 내 마음에 들지 않는 작품이 만들어졌다 한들, 클라이언트와 약속한 날짜가 있다면 마음에 들지 않는 상태로라도 마무리를 지을 줄 알아야 한다. 속은 쓰리겠지만, 그건 내 감정이고, 내가 스스로 다스려야 하는 감정이지, 클라이언트와의 약속과는 아무런 관계가 없다. 클라이언트가 거기까지 케어해줘야 할 의무는 없다는 거다. 퀄리티와 마감, 둘 중 하나만 선택해야 한다면 무조건 마감이어야 한다. 퀄리티를 마감일보다 더 중요하게 생각하기 시작하면, 그 일은 점점 직업이 아닌 취미가 될 것이다. 물론, 퀄리티와 마감일을 둘 다 챙기는 게 베스트긴 하겠지만, 그건 너무나 당연한 말이기에 따로 말하고 싶지는 않다. 중요한 건 '선택'을 해야 하는 순간에 누구를 위한 선택을 할 것이냐다. 마감을 선택한다면 클라이언트를 생각하는 쪽이고, 퀄리티를 챙기려 한다면 나를 위한 선택을 하는 것이다. 다만, 클라이언트와 조율할 수 있는 범위 내에서 퀄리티를 조금이라도 더 업그레이드할 수 있다면 그건 괜찮다. 내가 말하고 싶은 부분은 내 입맛에 맞는 퀄리티를 내지 못했다는 이유로 클라이언트와 약속한, 그러니까 이제 더는 일정을 변경할 수 없는 상황에서조차 마감하지 않는 사람은 프로가 아니라는 것이다. 그건 내 욕심일 뿐이다. 내 욕심 때문에 일이 진행되지 않거나 심지어 멈춰버리게 만든다면 그건 프로가 아니다. 이 글을 읽고 있는 사람들은 '당연한 얘길 하고 있네.'라는 생각을 할 수 있겠지만 실제 마감을 지키지 않아 전체 일정이 무너지는 사례를, 나는 수없이 많이 봐왔다. 원래 당연하다고 생각하는 일이 당연하게 벌어지지 않는 일이 훨씬 더 많은 세상이다. 그렇지만, 그게 원래 빈번히 일어나는 일이라 하여 나도 그래도 된다고 생각하는 건 잘못된 생각이다. 불가피한 이유가 있었다 하더라도, 적어도, "그래서는 안 됐는데."라는 마음을 가지고 있어야 한다. 그래야 프로다.

이런 의미에서 보면 <상업 작가>는 프로와 일맥상통한다. <상업>이라는 단어가 주는 이미지가 명확하기 때문이다. 모두가 알고 있다시피 상업 작가는 말 그대로, 글을 써서 돈을 버는 작가를 말한다. 그 액수가 얼마든 간에, 글을 써서 그 글로 돈을 한 푼이라도 벌어봤다면 일단 상업 작가인 것이다.

"그렇다면, 상업 작가가 되려면 무엇을 알아야 할까?"

상업 작가가 되는 방법에는 여러 방식이 있겠지만, 많은 요소 중 실제 글을 쓸 때 염두에 두어야 할 세 가지를 정리해 보고자 한다.

먼저, 인간의 복잡한 심리를 알아야 한다.

'상업'이라는 것은 결국 다른 사람들이 사고 싶은, 다시 말해 '팔리는' 것을 의미한다. 이는 상업 작가라는 것은 결국 사람들이 사고 싶은 글을 쓰는 것이 중요하다는 의미로 이어지는데, 글이라는 것의 특성상 상업적인 글의 가장 중요한 요소는 '공감'이라고 생각한다. 일기와 팔리는 글의 차이점은 나만 보는 글이냐, 아니면 남들도 보는 글이냐의 차이에 있기 때문이다. 이에 더하여, 앞서 말했듯 보편적인 공감대를 주는 글인지 여부도 생각해 봐야 한다. 쉽게 말해서, 나만 공감하는 글은 상업적인 글이 아니라는 것이다. 이게 바로 일기와 상업적인 글의 가장 큰 차이라고 할 수 있다. 물론, 나조차도 공감하지 못하는 글은 애초부터 공감되는 글이 될 수 없다는 기본 전제는 깔려야 한다. 중요한 건, 내가 공감하는 글이되, 나만 공감하지는 않는, 보편적인 공감대를 형성할 수 있는 글이 곧 상업적인 글이 된다는 의미다. 앞서 말했듯, 인간은 한 가지 상황에서 한 가지 감정만을 느끼지 않는다. 그렇다는 건, 인간의 복잡한 심리를 아는 것이 상업 작가가 되는 방법의 핵심이라는 말이 된다.

두 번째는 '이야기를 구성하는 방식'을 알아야 한다는 것이다.

만약 일기를 쓴다거나 출퇴근길에 감정 쓰레기통용으로 메모를 적는다고 상상해 보자. 분명 처음에는 두서없는 이야기가 나열될 것이다. 일기는 그래도 된다. 그런데 남들이 보는 글이라면? 두서없는 이야기를 나열해서는 출간하기는 현실적으로 어렵다. 짧은 글일지라도 기승전결이 담겨 있어야 하고, 전체적인 흐름이 있어야 하기 때문이다. 이를 두고 '글을 구성한다.'고 말한다. 사실 소설이든, 동화든, 에세이든, 내가 전하고 싶은 메시지를 얼마나 임팩트 있게 전달하느냐를 결정하는 가장 큰 요소는 그 메시지를 '어떻게' 전달하느냐에 달려 있다고 생각하는데, 이는 곧 주제를 효과적으로 전달하는 방식을 고민하는 방향으로 이어진다. 아무리 좋은 소재와 주제가 떠올랐다 하더라도 우리는 거기에서 더 나아가 어떻게, 어떤 방식으로, 다시 말해 어떤 구성으로 보여줄 것인가를 치열하게 고민해야만 보편적인 공감대를 형성하는 데 기여할 수 있기 때문이다. 이를 알기 위해서는 소재와 주제 사이의 관계에 대해 인지하고 있어야 한다.

"소재와 주제 사이에는 어떤 관계가 있을까?"

작가는 소재를 이용해서 내가 독자들에게 하고 싶은 이야기를 전달할 수 있다. 이게 무슨 의미인지 KB 동화 공모전에서 수상했던 단편 동화 <쉿! 세종 대왕 님이

보고 계셔!>를 활용하여 설명해보고자 한다. <쉿! 세종 대왕님이 보고 계셔!>의 '소재'는 '자음과 모음'이었으며, '주제'는 '한글은 소중하다. 그러므로 예쁜 말을 사용하자.'였다. 이러한 소재와 주제를 담기 위해, 나는 동화를 쓸 때, 초등학교 남자아이가 어느 날 우연히 자음국과 모음국의 백성들이 '욕을 하는 아이들을 혼내주자.'라는 작당모의하는 것을 보게 되었고, 이후 남자아이의 반 아이들은 욕할 때마다 자음과 모음이 아이들의 얼굴에 달라붙어 크게 혼이 나는 이야기를 만들었다. 이처럼 소재와 주제 사이에는 밀접한 관계가 있는데, 이는 에세이든, 동화든, 소설이든 마찬가지다. 즉, 짤막한 한 편의 글을 쓰더라도 소재와 주제 사이의 밀접한 관계성을 생각하고 글을 써야 보다 완성도 있는 글 한 편을 쓸 수 있다는 의미다.

"그렇다면, 구성이란 무엇일까?"

지금부터는 소재와 전달하고자 하는 메시지를 활용하여 글을 구성하는 방법에 대해서 이야기해 보고자 한다. 설명에 앞서, 이번에도 '구성의 사전적 정의'를 먼저 짚고 넘어가고자 한다.

사전에 검색해 본 바에 따르면, 구성이란 '문학 작품에서 형상화를 위한 여러 요소들을 유기적으로 배열하거나 서술하는 일'을 말한다. 여기서 내가 주목하고자 하는 부분은 '유기적으로 배열하는 것'이다. '유기적'이라는 단어의 사전적 정의는 '전체를 구성하고 있는 각 부분이 서로 밀접하게 관련이 있어서 떼어낼 수 없는 것'을 의미한다. 이 두 가지를 바탕으로 구성에 대해 정리를 해보자면 결국 구성이란,

글을 쓰기 위해 필요한 요소들이 서로 밀접하게 이어지도록 배열하는 것이다.

정리하자면 처음-중간-끝과 같이 글의 흐름이 읽는 사람으로 하여금 자연스럽게 느껴지도록 하는 것을 '구성한다.'라고 한다는 것이다.

"그렇다면 어떻게 구성해야 글의 흐름이 매끄러울까?"

글을 구성하는 방식에는 여러 가지가 있겠지만, 나는

나만의 방식이기도 한, '미괄식 주제 전달법'에 대해 소개하고자 한다. 미괄식 주제법은 내가 그냥 이름을 붙인 것으로,

궁금증을 유발하는 첫 문장으로 시작하여-
주제를 관통하는 마지막 문장으로 마무리하는 구성 방식을 말한다.

주제를 마지막에 던져준다고 하여, 이름을 '미괄식 주제 전달법'으로 붙였다. 아래는 실제 내가 이 방법으로 썼던 짤막한 에세이 글귀들을 예시로 가져온 것이다.

(예시1)
사랑한다고 수백 번 수천 번 말해도 헤어지자는 말 한마디에 뒤돌아서는 게 연인이라 한다지만 **(궁금증 유발)**
그럼에도 한 번 더 사랑한다고 외쳤을 때 다시 돌아봐 준다면
나는 네게 순정을 다짐하고 싶다. **(전달하고자 하는 핵심 메시지)**

(예시2)

생각해 보면 우리는 한 번도, 우리의 미래에 이별을 두지 않았다. **(궁금증 유발)**

그래서, 사랑이었다. **(전달하고자 하는 핵심 메시지)**

(예시3)

재채기가 멎었고 눈꺼풀이 감겼다. **(궁금증 유발)**

모든 느려지는 것은 끝내 제 움직임을 멈춘다.

이별에도 종착점이 있다면. **(전달하고자 하는 핵심 메시지)**

 위 예시들은 짤막한 글이지만, 비교적 장문의 글을 구성할 때도 방식은 똑같다. 궁금증을 유발하는 첫 문장을 쓰고, 마지막 단락에서는 궁극적으로 내가 이 글을 통해 전하고자 하는 메시지를 담아 마무리하는 구성 방식을 활용하면 임팩트 있는 한 편의 글을 완성할 수 있다.

마지막으로는 '첫 문장의 힘'이다.
"첫 문장은 책 제목에 버금가는 책의 얼굴이다."

첫 문장은 본문 전체를 두고 봤을 때 가장 중요한 부분이라고 해도 과언이 아니다. 첫 문장은 개인적으로는 책의 제목만큼이나 중요한 부분이라고 생각한다. 우리가 서점에 갔다고 상상을 해 보자. 소설 한 권을 사고 싶은데 진열대에 소설이 너무 많다면, 어떻게 할 것인가? 당연한 말이지만 먼저 눈에 띄는 표지와 제목을 찾을 것이다. 그다음은? 사람에 따라 다르겠지만 소개 글을 읽고 거기까지 마음에 들었다면, 첫 페이지를 열어보게 될 것이다. 그리고 그때, 만약 첫 문장이 나의 시선을 확 사로잡았다면? 조금 더 그 책에 시선이 머물게 될 것이다. 나 같은 경우, 첫 문장이 시선을 끌어당기면 대부분 그 책을 구매하는데, 이는 자연스레 뒷이야기가 궁금해지기 때문이다.

짧은 글이든, 긴 글이든, 어떤 형태로든 출간이 되는 글을 쓰고 싶다면 첫 문장의 중요성을 반드시 인지하고 있어야 한다. 일단 다음이 궁금해야 그 책을 더 들여다보고 싶게 될 테니 말이다. 만약 지금 이 글을 읽고 있는 순간에 실제 글쓰기를 시작하고 있다면, 어떻게 하면 첫 문장을 더 매력적으로, 궁금해지게 쓸 수 있을지를 고민해보는 것을 추천한다.

그렇다면 첫 문장은 어떻게 써야 할까?

첫 문장의 핵심 키워드는 '궁금증 유발'이다.
어떤 사건이나 중심이 되는 대상, 그 대상이 처해 있는 상황과 같은 것들에 어떤 식으로든 궁금증이 생기게 만들겠다는 생각을 가지고 접근해야 한다. 요즘 말로 '어그로'를 끌 줄 알아야 한다는 거다. 아래는 내가 실제 에세이와 동화, 장편 소설에서 썼던 첫 문장을 예시로 가져온 것이다.

옥상에 올라가는 게 아니었다.
사랑을 시작한다는 건, 상처가 부록으로 달려오는 것과 같다.
어쩌면 그 사람에게 나는 '비 그친 후의 우산' 같은 존재였을지도 모른다.
지갑에 50원이 남아서 웃음이 났다.
그러지 마.
칭찬이 많은 세상이 있다.

복동이가 죽었다.

오늘도 '아날로그 씨'는 내 손바닥 위에서 쭉- 기지개를 켠다.

선우 민 씨, 심(SYM)증후군 검사 결과 양성입니다.

'빨간 글씨 사건'이 처음 터진 건 일주일 전 체육 시간이 끝난 뒤였어요.

  궁금증을 유발하는 첫 문장을 하루아침에 뚝딱 쓰는 건 어려운 일이다. 그러나 어려운 일이기 때문에, 마음에 드는 첫 문장이 나왔을 때의 쾌감은 배에 달한다. 중요한 건, 매번 아름다운 첫 문장이 나올 수는 없겠지만 적어도 글을 쓰는 사람은 첫 문장을 가볍게 생각하지 않는 연습을 해야 한다는 것이다. 첫 문장을 잘, 매력적으로 쓰려고 노력하는 것이 곧 출간으로 이어지는 글을 쓰는 첫 번째 단추라고 생각하기 때문이다. 이 말의 의미가 마음에 와닿았다면 잠깐 책 읽기를 멈추고, 아래 빈칸에 들어갈 말을 직접 써 보면서 '사랑'에 대한 정의를 내려보는 연습을 해 보는 것도 좋겠다.

사랑이란, (　　　　　　　　) 것.

이미 사랑에 대한 나만의 정의가 있으신 분들은 더 나아가, '사랑'에 대한 글을 쓰고자 할 때 어떻게 하면 첫 문장에 궁금증을 유발할 수 있을까?를 고민하면서 첫 문장을 써 봐도 좋겠다. 아래는 내가 내려본 정의들이다.

사랑이란,
(나도 모르는 새 이미 잠옷차림이 되어 있는) 것
사랑이란,
(상대로 하여금 다음 말을 하고 싶게 하는) 것
사랑이란,
(볼을 쓰다듬기 전 먼저 뺨을 손바닥에 가져다 주는) 것
사랑이란,
(눈이 마주치기 전부터 입꼬리가 함께 올라가는) 것
사랑이란,
(흑백사진을 찍어도 따듯하게 출력되는) 것

결국 중요한 건 스토리텔링

"이야기란 무엇이라고 생각하나요?"

위 질문은 N년 전, 영유아 아이들을 대상으로 동화책 만들기 수업을 진행했을 당시 아이들에게 던졌던 질문이다. 당시 내가 아이들에게 알려주었던 이야기의 정의는 '무슨 일이 일어났는지 재미있게 설명하는 일'이었다. 여기서 중요한 건, "재미있게"라고 덧붙이면서 말이다.

모든 작가들이 항상 머리를 싸매고 고민하는 지점은 내가 찾은 소재와 전달하고자 하는 메시지를 어떻게 하면 재미있게 전달할 수 있을까? 하는 부분이라고 생각한다. 그런 의미에서 본다면, 스토리텔링이라는 것은 결국-

소재와 주제를
흥미롭게 구성하여
재미있게 전달하는 과정이다.

그렇다면 스토리텔링이 필요한 이유는 무엇일까?

흔히 특별한 사연을 겪은 사람들이 자신의 이야기를 대중 앞에서 늘어놓을 때, 우리는 '서사가 완벽하다.'라는 말을 하고는 한다. 몹시 감격한 표정을 지으면서 말이다. 속된 말로 뭔가 촉촉한 눈빛을 지닌 사연이 있을 것 같은 눈빛을 가진 사람을 보면 '이목구비에 이미 서사가 있다.'는 말을 하기도 한다. '한국에는 건드리지 말아야 할 삼 대장이 있는데, 이순신, 세종 대왕, 김연아가 그렇다.' 라는 말에 사람들은 킥킥거리며 웃으면서도 고개를 끄덕인다. 그렇다면 왜, 우리는 이토록 서사, 스토리텔링에 대해 이야기하는 걸까. 우리가 서사에 집착하는 이유는 타인을 통해 얻는 대리만족 때문이라고 생각한다.

시대를 관통하는 위 세 사람의 공통점을 들여다보면 서사, 즉 스토리텔링이 굵직한 선을 그리고 있다는 것을 알 수 있다. 마치 두껍고 커다란 붓에 먹을 칠해 커다란 한지에 수를 놓은 수묵화처럼, 굵고, 거친 인생의 굴곡을 거쳐 끝내 자신의 한계를 극복한 사람들이기 때문이다. 그리고 우리는 그들의 삶을 보면서 일종의 카타르시스를 느낀다. 서사와 스토리텔링의 힘은 여기에 있다고 생각한다.

인간은 겉으로 티를 내든 내지 않든 무언가를 경험함으로써 새로운 감정을 깨닫게 되는 경험을 원한다. 그건 어떤 논리적인 이유가 있어서가 아니라, 무의식에 잠재된 본능에 가깝다고 생각한다. 옛말에 호랑이는 죽어서 가죽을 남기고 인간은 죽어서 이름을 남긴다는 말이 있는 것처럼, 인간이 행복을 경험하기도, 불행을 경험하기도 하는 이유는 어떤 대상에 자꾸 그놈의 '의미'를 부여하려 하기 때문이라고 말이다. 나는 어쩌면 인간은 평생 의미를 찾아 헤매다가 실은 그 아무것에도 의미가 없었음을, 무의미함을 깨달을 때 세상을 떠나게 되는 존재라고 생각한다.

이순신, 세종대왕, 김연아의 서사를 예로 든 것을 보며, 혹자는 '그건 위대한 업적을 이룬 사람들이기에 가능한 일이고, 나는 그냥 평범한 사람일 뿐이잖아. 그런 내가 무슨 내 이야기로 서사를 만들어낼 수 있단 말이야?'는 반감이 불쑥 올라올 수도 있다고 생각한다. 그런 의미에서 나는 진지하게 묻고 싶다. 보통의 하루하루를 보내고 있는 사람들에게 서사와 스토리텔링을 부여하는 건 불가능한 일인가?

나는 이 질문에 '아니, 몹시 가능하다.'고 답할 것이다. 그냥 가능한 것이 아니라, 몹시, 매우, 가능하다고.

서사와 스토리텔링은 엄밀히 말해, 사실적인 글쓰기가 아니다. 그러니까, 사실적인 소스를 가지고 그것을 '어떻게 재미있게 풀어갈 것인가'를 고민하는 것이 스토리텔링이자, 서사를 만드는 방식이라는 것이다. 여담이지만 그래서 나는 북콘서트를 하건, 글쓰기 강연을 하건, "완벽한 수필은 없다."고 말하고는 한다. 흔히 학창시절에 수필과 소설의 차이에 대해 배울 때, 우리는 수필은 사실을 바탕으로 한 글쓰기, 소설은 허구를 바탕으로 한 글쓰기로 배운다. 그런데 과연 정말, 수필은 '사실만을 바탕으로 쓰는 글'인가? 나는 이 질문에 동의하지 않는다. 그저 소설과 비교했을 때, 비교적 사실을 바탕으로 쓴 글일 뿐이라고 생각하기 때문이다.

수필 한 편을 쓰겠다고 가정해 보자. 침대에서 눈을 떠서, 머리를 하나로 질끈 묶고, 욕실에 가서 이를 닦고, 재채기도 두어 번 쯤 하고, 세수를 하고, 스킨케어를 꼼꼼히 하고…. 이런 모든 과정들을 정말, 내가 겪은 그대로, 토씨 하나 틀리지 않고 모두 사실적으로 쓴 글이 수필일까?

아니다.
어떤 주제를 담을지, 어떤 장면을 보여줄지를 작가가 의도적으로 선택하는 것이다.

그건 수필이든, 소설이든, 동화든 그 어떤 장르든 마찬가지다.
쉽게 말해서, "보여주고 싶은 부분을 보여주면서 내가 전하고자 하는 메시지를 담아내는 것".

4장 쓰는 방향으로 걸어간다

그것이 장르불문 글쓰기 방식이라는 것이다. 그렇기 때문에, 위대한 업적을 이루지 못한 사람들일지라도 내가 겪은 일들을 어떻게 구성하고, 배치하고, 어떤 장면을 어떤 방식으로 보여줄지, 즉, 스토리텔링을 어떻게 할지에 대해 정할 수 있다면 충분히 그 어떤 유명한 사람의 일화보다 더, 독자들의 마음에 와닿는 글을 쓸 수 있다. 아래는 내가 한 때 2G 폴더폰을 썼던 경험을 바탕으로 쓴 산문인데, 잘 쓴 글은 아니지만 평범한 경험을 가지고 어떻게 스토리텔링을 할 수 있을지 예를 들어보고자 인용하게 되었다. 비교적 긴 글인 만큼, 앞서 예시로 들었던 짤막한 에세이와 비교하면서, 인간의 복잡한 심리를 기반으로 한 보편적 공감대 형성, 미괄식 구성 방식, 궁금증을 유발하는 첫 문장 쓰기와 같은, 상업 작가로서 체크하면 좋을 포인트들을 생각하며 살펴보면 좋을 것 같다. 제목은 2G 폴더폰에게 붙여준 이름인, '아날로그 씨'의 이야기를 담았다는 의미에서, <아날로그 씨가 선물한 세상>이다.

제목 : '아날로그 씨'가 선물한 세상

오늘도 '아날로그' 씨는 내 손바닥 위에서 쭉- 기지개를 켠다. (1)

그는 내가 고등학생 때 쓰던 2G 폴더 휴대폰이다. 머리맡에서 반 접힌 상태로 몸을 웅크리고 곤히 자는 그의 머리를 조심스레 위로 젖히니 '으다다다-' 기지개를 켜며 커다란 시계를 얼굴에 띄운다. 'AM 8:00' 뒤이어 익숙한 알람 소리가 방 안에 우렁차게 울려 퍼진다. 마치 아직 자신이 건재함을 알리기라도 하려는 듯이.

그는 약 10여 년 전 모 기업에서 야심 차게 출시했던 휴대폰이다. 요즘에야 일명 '효자폰'이라 불리며 장난감 취급을 받지만, 이래 봬도 한때는 잘 나갔던 그였다. 처음 그가 세상 밖으로 나왔을 때만 해도 통화가 잘 안되는 지역들이 많았고, 기업들은 이런 문제점을 보완하는 데 주력한 휴대폰들을 세상에 내놓았다. '아날로그' 씨도 그들 중 하나였다. 지금도 그의 이마에 자랑스럽게 박혀 있는 'Any call'이라는 문구가 "어디서든 전화해라."라고 말하는 것 같다.

그가 맨 처음 내 손에 들어온 것은 내가 열일곱이었을 때다. 정확히 말하자면 엄마를 거쳐 내게 온 것이지만 당시 휴대폰이 없었던 나는 성적을 올리면 휴대폰을 주겠다는 엄마의 약속에 눈에 불을 켜고 공부를 했다. 방구석에 틀어박혀 밤낮으로 공부한 덕에 반에서 5등 안에 드는 데 성공한 나는 엄마에게 의기양양하게 손을 내밀었다. 거래를 성사시키자는 의미였다.

 엄마는 잠시 방에 들어갔다가 나오더니, 내 손바닥 위에 거무튀튀한 구식 폴더 폰을 올려놨다. 기가 찬 나는, "이게 언제 적 휴대폰이냐."라며 볼멘소리를 해댔다. 그때는 한창 '터치 휴대폰'이 유행이었기 때문이다. 뚜껑 없이 매끈한 화면에 손가락을 살짝 갖다 대기만 해도 글자가 써지는 신비한 휴대폰을 두고 옛날에 엄마가 쓰던 구식 휴대폰을 쓰라니. 잔뜩 기대에 부풀어있던 나는 실망이 이만저만이 아니었다. 그러나 원망스러운 표정으로 자신을 노려보는 딸내미는 아랑곳하지 않은 채, 그녀는 "전화랑 문자만 되면 됐지, 터치는 무슨 터치냐."라며 아껴 쓰라고 했다.

 다 낡아빠진 골동품을 아껴 써서 뭐 한단 말인가. 나는 어린 마음에 이놈이 고장 나면 엄마가 자연스레 새 휴대폰을 사주리라 믿고 일부러 더 막 썼지만, 끈질긴 놈은 그런 나를 비웃기라도 하듯 내가 스무 살이 될 때까지 멀쩡하기만 했다. 나는 울며 겨자 먹기로 몇 년을 놈과 동고동락(同苦同樂) 할 수밖에 없었다.

대학에 입학하던 해가 되어서야 나는 비로소 최신형 터치 휴대폰을 손에 넣을 수 있었다. <u>학수고대했던 놈과의 이별이 성사된 것이었다. 속이 다 후련했다.</u> (2) 최신형 휴대폰의 등장으로, 놈은 자연스레 서랍 구석에 들어가는 신세가 됐고 그 뒤로 놈의 전원이 켜지는 일은 없었다.

<u>그로부터 10년이란 시간이 훌쩍 지났다. 세상이 빠르게 발전하면서, 바야흐로 LTE의 시대가 열렸다. 스마트 폰이 지배하는 세상에서 사람들은 '더 빠르게'를 슬로건으로 내걸며 저마다의 하루를 굴려 나갔다.</u> (3) 손바닥만 한 기계는 검색 한 번이면 단시간에 답을 내놓았다. 어렵게 머리를 굴려 고민할 필요가 없었다. 이름 그대로 '똑똑한 휴대폰'이었다.

기업은 소셜 네트워크 서비스와 각종 애플리케이션을 우후죽순(雨後竹筍)으로 개발했고, <u>사람들은 쏟아져 나오는 그들을 우걱우걱 소비하며 '좀 더 빠른 것', '좀 더 편리한 것'을 내놓으라 요구했다. 그때마다 기업은 더 빠르고 편리한 새 상품을 토해냈다.</u> (3)

시간이 흐를수록 사람들의 성격은 점점 더 급해져 갔다. 물론 나도 그들 중 한 사람이었다. 나는 잠시도 휴대폰을 가만두지 않았다. 어딜 가든 그가 있어야 안심이 됐다. 심지어 스마트폰이 없으면 길도 제대로 찾지 못했다. 도대체 옛 조상들은 어떻게 하루를 보냈는지 이해할 수 없을 만큼 종일 휴대폰을 손에 꼭 쥔 채 그를 주물럭거리며 괴롭혔다. 게다가 속도가 조금이라도 느려지면 답답해서 애가 끓었다. **어느새 나는 스마트폰 없이는 단 하루도 살 수 없는 '스마트폰의 노예'가 돼 있었다. 주객(主客)이 전도된 꼴이었다. (3-1)**

그러던 어느 날 나의 똑똑한 휴대폰은 나에게 '지독한 놈'이라며 파업을 선언했다.

돌연 먹통이 된 것이다. 바꾼 지 몇 달도 채 안 된 최신형이었는데. 아무리 밥을 물려줘도 미동 없는 휴대폰을 보며 머릿속이 새하얘졌다. 점입가경으로 수리점 사장님은 나에게 '고치려면 3주는 걸린다.'는 끔찍한 형벌을 내렸다. 단 하루도 손에서 놓은 적 없는 내게 삼 주라니! 노예에게는 너무나 가혹한 처사였다. 털레털레 집으로 돌아온 나를 보며, 엄마는 전사(戰死)한 스마트폰에 '주인을 닮아 성격이 아주 급한 놈'이라 비꼬며 혀를 끌끌 찼다.

상황이 이리되자, 임시방편으로 쓸 공기계가 필요했다. 영리한 건 둘째 치고 당장 사람들과 기본적인 연락은 해야 하지 않겠나.

사회생활에 찌든 직장인은 찬밥 더운밥을 가릴 형편이 아니었다. 머리를 굴리던 중 문득 십 년 전 서랍 구석으로 밀려난 놈이 생각났다. 동면에 들어간 동물들도 일 년에 한 번은 세상 밖으로 나오는데, 놈은 벌써 십 년째 깨어난 적이 없으니 전원이 켜지기나 할지 미지수였다. 그러면서도 마음 한편에는 '끈질긴 놈이었으니 어쩌면 아직 작동할지도 모른다.'는 기대가 슬금슬금 피어올랐다.

 기대 반 걱정 반으로 연 서랍장 구석에는 놈이 몸을 반으로 접은 채 깊은 잠에 빠져있었다. 뭐든 빠르게 변하는 이 시대에서 그는 십 년 전 모습 그대로 제 자리를 지키고 있었다. 이제는 돌아갈 수 없는 학창 시절의 추억을 가득 품은 그를 막상 직접 눈으로 보고 나니 어쩐지 마음 한구석이 울렁거렸다. 그의 이마에 적힌 'Anycall'이라는 문구가 그렇게 반가울 수 없었다. 시간이 흐를수록 놈이 켜지지 않으면 서운할 것 같다는 생각마저 들었다. 나는 자신의 간사함에 기가 차 웃음을 터트렸다. 지긋지긋하다며 서랍 구석에 처박을 땐 언제고 이제 와 켜지지 않으면 어쩌나 안달이라니. 놈의 정수리에 달린 카메라 눈이 나를 노려보며 "뻔뻔스러운 놈"이라 말하는 것 같았.

 나는 그의 시선을 가까스로 외면하며 어린 시절 땅에 묻은 타임

캡슐이라도 꺼내듯 조심스럽게 놈을 꺼내 주둥이에 낡은 충전기를 물렸다. 미동이 없던 놈은 잠시 후 충전기에 빨간 불을 켜며 아직 자신이 살아있다는 신호를 보냈다. 나는 반가운 마음에 얼른 전원 버튼을 꾹- 눌렀다. 엄지손가락에 오랜만에 '추억의 그립감'이 느껴졌다. 스마트폰에서는 결단코 느낄 수 없는 폭신함이었다. 이런 내 맘을 아는지 모르는지, 놈은 세월아 네월아 하며 오랜 동면에서 깨어나고 있었다. 화면에 뜬 막대기 모양의 칸은 내일이나 돼야 다 채워질 기세였다.

성질이 급한 나는 순간 미간에 내 천(川) 자를 그렸지만, '켜지는 게 어디냐.'며 이내 체념하곤 단편 소설책을 꺼내 읽기 시작했다. 놈의 기상을 기다리며 책을 읽는 동안 문득, 주변이 '고요하다.'는 생각이 들었다. 시끄러운 일상생활 속 오랜만에 느껴보는 여유였다. 놈은 단편 하나를 다 읽어갈 때쯤이 돼서야 눈을 떴다.

예상대로 놈은 학창 시절 내 일상을 고스란히 품고 있었다. 친구들과 주고받은 문자, 통화 목록, 도대체 화질이 얼마나 되는지 가늠할 수 없는 앨범 속 뿌연 사진들까지. 끈질기게 자리를 지킨 놈 덕분에 나는 오랜만에 철없이 순수했던 그 시절로 돌아가 마음껏 뛰놀 수 있었다.

나는 그 길로 동네 대리점에서 놈을 개통시킨 후 '아날로그'라는 새 이름을 붙여줬다. 잊고 살았던 그때의 기억들을 다시 불러일으켜 준 것에 대한 작은 보답이었다. 비록 세상은 그를 잊었지만, 나라도 놈의 귀환을 환영해 주고 싶은 마음에서였다. 두어 번 헛기침을 한 뒤 조그맣게 "아날로그 씨…?"하고 불러보니, 어쩐지 놈에게 묘한 애틋함이 느껴졌다. (4)

인간은 환경에 적응하며 살아가는 동물이라 했던가. '아날로그' 씨의 느려 터진 속도도 삼 주차에 접어들자 그럭저럭 적응됐다. 나는 이제 온종일 휴대폰을 손에 꼭 쥐고 있지 않았다. 어차피 구식 휴대폰으로 할 수 있는 게 그리 많지도 않았을뿐더러, 문자 하나라도 보낼라치면 전송될 때까지 한참은 기다려야 했기 때문이다. 뚫어지라고 화면만 들여다보니 차라리 그 시간에 내 할 일을 하는 게 속 편하다는 일종의 '지혜'가 생긴 셈이었다.

연락은 꼭 필요할 때만 주고받게 되었고, 모르는 길은 물어물어 찾아가게 되었다. 버릇처럼 인터넷 창을 들여다보던 시간에 책을 읽게 되었고, '단체 대화방'에 시답잖은 농담을 늘어놓는 대신 산책을 하며 바쁜 일상 속에서도 '고요한 행복'을 누리는 법을 터득했다. 인생이라는 게 어디 마음먹은 대로 가지기만 하던가. 급히 먹은

밥은 체하기 마련이고, 지하철에 억지로 승차하려 달려들면 문에 몸이 끼기에 십상이다. (5) 나는 이제 '느림의 미학(美學)'을 안다. (6) '아날로그' 씨가 선물한 소중한 이 하루를 그의 숨이 다 하는 날까지 끈기 있게 걸어갈 참이다. 나는 말끔히 고쳐진 스마트폰의 전원을 꺼 서랍 속에 넣었다.

'딩동-' 소리에 메시지 함을 열어보니, 대리점에서 최신형 스마트폰을 무료로 개통해 주겠다는 메시지를 보냈다. **나는 '필요 없다.'는 뜻을 전할 요량으로 '아날로그' 씨의 뚜껑을 소리 내어 '탁' 닫는다. 대답 한번 명쾌하다. 주머니 속 그가 조용히 웃는다. (7)**

윗글은 전체 4P정도 분량의 수필인데, 예시글 박스에 밑줄과 괄호 안에 숫자로 표기한 부분을 중심으로, 어떻게 하나의 글을 구성하고 소재와 주제를 녹여냈는지 설명하고자 한다.

* 스토리텔링 포인트

point (1) 오늘도 '아날로그' 씨는 내 손바닥 위에서
쭉- 기지개를 켠다.

 글을 쓰기 위해서는 글감의 재료가 되는 '소재'를 정해야 한다. 앞서 소재를 찾는 방법으로 마인드맵 활용법에 대해 말했는데, 거기에 더 나아가서 대상을 정할 때는 나의 환경에 변화를 주었거나 심경에 변화를 준 대상을 찾는 방향을 고려해 보는 것이 좋다. 위 수필을 쓸 당시, 나는 스마트폰 중독 현상에 피로감을 느끼고 있었다. 그 과정에서 우연히 오래전 썼던 2G 폴더폰을 발견했고 실제로 한동안 2G 폴더 휴대폰을 사용했었다. 그 과정에서 느낀 심경의 변화를 담아 수필을 써볼까? 하는 생각이 들었을 땐, 보다 재미있는 수필을 쓰고 싶은 마음에 휴대폰에 '아날로그 씨'라는 이름을 붙여주는, 이른바 '의인화'하는 과정을 거쳤다. 이처럼 소재를 정했다면, 그 소재가 살아있다는 가정하에 의인화를 해보는 것이 재미있는 스토리텔링의 방법이 될 수 있다. 이에 더하여, (1)의 경우, 시선을 사로잡는 첫

문장을 쓰기 위해 '아날로그 씨'가 누구인지 궁금하게 만드는 문장을 수필의 첫 문장으로 작업한 것이다. 이처럼 첫 문장을 쓸 때, 대상을 의인화한 후 대상이 살아 있다는 가정하에 그 움직임을 묘사해 보는 것도 매력적인 첫 문장을 쓰는 하나의 방법이 될 수 있다.

point (2) 학수고대했던 놈(2G 폴더폰)과의 이별이 성사된 것이었다. 속이 다 후련했다.

 두 번째 스토리텔링 기법은 '무엇인가 반드시 변해야 한다.'는 것이다. 이는 화자의 심경일 수도 있고 상황의 변화일 수도 있는데, 중요한 건 기존에 느꼈던 심경, 혹은 기존에 겪었던 상황이 변화하게 되면서 얻게 된 깨달음이 곧 글의 메시지가 될 수 있다는 것이다. (2)에 밑줄 친 문장의 경우에는 화자의 첫 번째 심경으로, 이러한 심경이 후반부에 가서 변화하는 지점을 정해주면 재미있는 스토리텔링을 할 수 있다.

point (3) **그로부터 10년이란 시간이 훌쩍 지났다. 세상이 빠르게 변하면서, 바야흐로 'LTE의 시대'가 열렸다. '스마트 폰'이 지배하는 세상에서 사람들은 '더 빠르게'를 슬로건으로 내걸며 저마다의 하루를 굴려 나갔다. 사람들은 쏟아져 나오는 그들을 우걱우걱 소비하며 '좀 더 빠른 것', '좀 더 편리한 것을 내놓으라.' 요구했다. 그때마다 기업은 '더 빠르고 편리한' 새 상품을 토해냈다.**

앞서 효과적인 스토리텔링을 위해서는 신경이나 환경이 변화하는 지점이 있으면 좋다고 했는데, (3)이 그에 해당한다. (3)의 경우에는 화자가 생활하고 있는 환경이 변화하고 있음을 짚어주면서, 화자가 2G 폴더폰을 통해 전하고자 하는 메시지를 조금씩 드러내기 시작하는 구간이다. 이때 중요한 포인트는 글을 쓰는 시점에서 글을 읽는 독자들이 공감할 만한 환경을 글에 담는 것인데, 뒤쪽에 가서 주제가 되는 문장이 나올 때 다시 한번 말하겠지만, 메시지를 담아낼 때는 '내가 전하고자 하는 메시지'가 '보편타당한 메시지인지'를 고려하여 글을 쓰는 것이 독자들의 공감을 불러일으킬 수 있는 글을 쓰는 방법이다.

point (4) 어느새 나는 스마트폰 없이는 단 하루도 살 수 없는 '스마트폰의 노예'가 되어 있었다. 주객이 전도된 꼴이었다.

(3)이 환경의 변화를 언급한 것이라면 (4)는 (3)의 환경 변화를 겪으면서 화자의 심경이 변화한 부분을 설명한 것이다. (3)에서 발생한 환경의 변화를 겪은 화자가 어떤 문제 상황에 직면함으로써 심경의 변화를 느끼게 된 것이다. 이때, 다시 (2)의 문장으로 돌아가 보면, 당시 최신 스마트폰을 사고 싶었던 화자는 환경의 변화를 겪으면서 2G 폴더폰과의 이별에 속이 후련해짐을 느꼈던 과거와는 달리 스마트폰을 부정적으로 바라보는 심경의 변화가 생긴 것을 볼 수 있다. 이처럼, 화자의 심경 변화를 넣어줌으로써 작가는 독자들로 하여금 "2G 폴더폰 만이 지닌 장점을 알려주려는 것 같다."는 메시지를 암시할 수 있도록 유도할 수 있게 된다.

point (5) 나는 그 길로 동네 대리점에서 놈을 개통시킨 후 '아날로그'라는 새 이름을 붙여줬다. 잊고 살았던 그때의 기억들을 다시 불러일으켜 준 것에 대한 작은 보답이었다. 비록 세상은 그를 잊었지만, 나라도 놈의 귀환을 환영해 주고 싶은 마음에서였다. 두어 번 헛기침을 한 뒤 조그맣게 "아날로그 씨…?"하고 불러보니, 어쩐지 놈에게 묘한 애틋함이 느껴졌다.

(5)의 경우에는 (4)에서 느낀 심경의 변화를 구체적으로 한 번 더 짚어주는 것으로, 2G 폴더폰을 바라보는 화자의 심경이 '이별해서 후련한 상태 → 애틋한 대상'으로 변한 것을 알 수 있다.

point (6) 인간은 환경에 적응하며 살아가는 동물이라 했던가. '아날로그' 씨의 느려 터진 속도도 삼 주차에 접어들자 그럭저럭 적응됐다. - '아날로그' 씨가 선물한 소중한 이 하루를 그의 숨이 다 하는 날까지 끈기 있게 걸어갈 참

이다. 나는 말끔히 고쳐진 스마트폰의 전원을 꺼 서랍 속에 넣었다.

(6)의 경우에는 앞서 (4)-(5)의 과정을 통해 느낀 화자의 깨달음을 직접적으로 '주제화'하여 전달한 문단으로, 바쁘게 살아가는 현대인들에게 '느림의 중요성'이라는 메시지를 전달한 것이다.

point (7) 나는 이제 '느림의 미학'을 안다.

화자가 느낀 핵심 감정으로, 본 수필의 주제가 되는 문장이다. 본 수필에서 화자는 처음에는 스마트폰을 쓰고 싶어 2G 폴더폰과의 이별에 기뻐했다가- 시간이 흘러 모든 걸 빨리빨리 해결해야 하는 현대 사회에서 스마트폰의 중독에 걸린 후- 다시 2G 폴더폰을 사용하게 되면서 '느림의 미학', '아날로그가 가져다주는 일상의 여유'에 대해 깨닫게 되는 과정을 거치는데, 이때, (3)에서 언급한 것처럼, 매력적인 주제를 녹이기 위해서는 나를 포함한 다른 사람들이 공감할 수 있는, '보편타당한 의미'를 담아내는 것이 중요하다.

point (8) 나는 '필요 없다.'는 뜻을 전할 요량으로 '아날로그' 씨의 뚜껑을 소리 내어 '탁' 닫는다. 대답 한번 명쾌하다. 주머니 속 그가 조용히 웃는다.

한 편의 글을 쓸 때는 시선을 사로잡는 첫 문장도 중요하지만, 그만큼 문을 닫는 마무리도 중요하다. 이는 앞서 글을 구성하는 방식으로 소개했던 '미괄식 주제 전달법'과도 연결되는데, 앞에서는 짤막한 에세이 글들을 예로 들었지만, 비교적 긴 산문 형식 에세이의 경우에도 마찬가지이다. 예시로 든 수필의 경우에는 첫 문장에서 의인화를 활용했기 때문에, 마지막 문장에서도 다시 한번 의인화를 통해 '느림의 미학'을 강조하며 마무리를 지은 것이다.

*스토리텔링 방식 요약
시선을 사로잡는 첫 문장을 쓴다. (의인화 방법 활용 가능)
→ 소재를 바라보는 작가의 감정을 서술한다. → 환경 혹은 심경이 변화한 사건을 서술한다. → 그 변화로 인해 깨달은 부분을 언급한다. → 깨달은 감정에 보편타당한 주제를 녹인다. → 미괄식 주제 전달법을 활용해 주제를 한 번 더 각인한다.

스토리텔링 방식에 감을 잡았다면, 조금 더 디테일한 포인트를 잡아나가는 연습이 필요하다. 그러기 위해 첫 번째로 고려해야 할 요소는 '가독성'이다. 가독성의 사전적 정의는 아래와 같다.

가독성 (可讀性)
명사 : 인쇄물이 얼마나 쉽게 읽히는가 하는 능률의 정도. 활자체, 글자 간격, 행간(行間), 띄어쓰기 따위에 따라 달라진다.

위 정의에서 주목해야 할 부분은 '얼마나 쉽게 읽히는가'인데, 결과적으로 보면 가독성과 재미는 밀접한 연관이 있다. 일단 술술, 잘 읽혀야 재미도 따라오기 때문이다.

"가독성이 좋은 글은 어떤 글일까?"

내가 생각하는 가독성이 좋은 글은 '다시 앞으로 돌아가서 읽지 않는 글'이다. 바꿔 말하면, 한 문장을 읽는다고 가정했을 때, 한 번을 읽어도 문장의 뜻을 이해할 수 있어야 한다는 의미다. 그렇다면 이러한 문장을 쓰기 위해서는 어떤 조건이 뒷받침되어야 할까?

 개인적으로 생각하는 가독성 좋은 글을 쓰기 위한 기본 전제는 '말하고자 하는 바가 명확해야 한다.'는 것이다. 깔끔한 문장을 쓰지 못하는, 소위 말하는 필력이 부족한 글을 쓰게 되는 이유는 문장의 구조가 깔끔하지 못해서이기도 하지만, 그보다 더 근본적인 원인은 말하고자 하는 바가 명확하지 않기 때문이다. 작가가 한 문장 안에 표현하고자 하는 메시지가 애매할수록 내 생각을 독자에게 변명하기 바쁜 글이 써지기 마련인데, 그러다 보면 문장이 깔끔하게 떨어지지 않고 횡설수설하고 긴 문장이 써지는 것이다.

그렇다면, 어떻게 해야 이야기를 보다 읽기 쉽고, 재미있게 전달할 수 있을까?

 가독성 있게, 재미있는 글을 쓰는 방식은 글쓰기를 하는 사람마다 다르겠지만, 크게 네 가지 키워드로 분류하여 내가 직접 글쓰기를 할 때 사용하는 방법들을 공유해보고자 한다.

#문장은 최대한 간결하게 쓴다.

하고 싶은 메시지를 명확하게 설정했다면, 그를 실제 글로 옮길 때 문장을 최대한 간결하게 쓰는 것이 좋다. 술술 읽히는 글은 대부분 문장 단위로 뜯어 보았을 때 한 문장이 되도록 한 줄 이상을 넘어가지 않는 것을 볼 수 있는데, 이는 문장에도 리듬과 호흡이 있기 때문이다. 자꾸 문장이 길어진다면 직접 자신이 쓴 긴 문장을 입 밖으로 소리 내어 읽어보면서 호흡이 끊어지는 지점에서 문장을 끊어 써보는 연습을 해보기를 추천한다. 아마 눈으로 보는 것과 직접 읽을 때의 느낌이 완전히 다르다는 것을 깨닫게 될 것이다. 분명 눈으로 읽었을 때는 말이 되는 것 같았는데, 입 밖으로 내뱉으려 하니 어색하거나 자꾸 뚝뚝 끊기는 구간이 생길 것이기 때문이다. 이때, 호흡이 끊어지는 지점에 '쉼표'를 적절히 넣어서 다소 긴 문장이더라도 짧게 느껴지도록 구분하는 것도 문장을 짧게 끊어 쓰는 방법 중 하나다.

#구어체를 적극 활용한다.

'구어체'란, 글에서 쓰는 말투가 아닌 일상적인 대화에서 주로 쓰는 말투로, 누군가에게 말을 거는 것 같은, 우리가 실제 일상생활에서 쓰는 말투를 의미한다. 이와 반대로 '문어체'는 일상적인 대화에서 쓰는 말투가 아닌 글에서 주로 쓰는 말투를 의미하는데, 구어체와 문어체는 어떤 형식의 글을 쓰느냐에 따라 각각 사용되는 경우가 다르다. 문어체의 경우에는 주로 사실을 바탕으로 한 논리적인 글쓰기가 주가 될 경우에 많이 사용된다. 예컨대 논문이라거나 논술을 위한 글쓰기와 같은 글쓰기를 할 때는 주로 문어체를 많이 사용한다. 반대로 구어체의 경우에는 에세이나 드라마 대사와 같이 친근함을 어필해야 하는 경우 많이 사용하는 문체이다. 두 문체는 각각 지니고 있는 장점이 다른데, 문어체를 사용할 경우 글의 신뢰도와 전문성을 어필할 수 있다는 장점이 있으며, 구어체의 경우에는 보다 작가와 가까운 느낌, 즉 친밀도를 높여줄 수 있다는 장점이 있다. 그렇다면 에세이를 쓸 때는 어떤 문체를 사용하는 것이 좋을까? 에세이는 작가의 개인적인 경험을 통해 독자들에게 공감을 주는 글을 쓰는 것을 목표로 하는 글쓰기인 만큼, 문어체보다는 구어체를 활용하는 것이 좋다. 일상에서 대화를 거는 것 같은 느낌의 문체를 사용하는 것만으로도 다소 딱딱한 문장이 아니라는 느낌을 줄 수 있기 때문에, 심리적으로 가독성이 좋은 문장처럼 느껴지는 효과가 있기 때문이다. 물론, 이는 비단 에세이에만 국한되는 건 아니다. 앞서 말했던 스토리텔링, 서사가 중요한 역할을 하는 글쓰기라면 구어체를 중간중간 의도적으로 넣어주는 것도 독자의 몰입을 돕는다.

#말과 글에는 적절한 밀당, 즉 리듬이 필요함을 인지한다.

말과 글에도 밀당이 필요하다.

사람의 언어이기 때문이다. 사람 사이에 적절한 밀당이 관계에 도움이 된다는 것은 공감할 것이다. 그렇기에 말과 글 역시 밀당이 필요하다. 적당한 밀당이 있어야 사람의 복잡한 심리를 건드릴 수 있기 때문이다. 쉽게 말해, 호기심을 자극하기 위해서는 문장에서 밀당감이 느껴져야 한다는 것이다. 이는 곧 리듬감으로 이어진다. 리듬의 사전적 정의는 아래와 같다.

리듬 (rhythm)

명사

1) 음의 장단이나 강약 따위가 반복될 때의 그 규칙적인 음의 흐름.
2) 일정한 규칙에 따라 반복되는 움직임을 이르는 말.
3) 선, 형, 색의 비슷한 반복을 통하여 이루는 통일된 율동감. 즉 농담, 명암 따위가 규칙적으로 반복되거나 배열된 상태를 가리킨다.

　여기서 주목해야 할 부분은 '강약'과 '일정한 규칙', 그리고 '통일된 율동감'이다. 하루아침에 리듬감을 익히는 것은 어려운 일이다. 다만 가시적으로 봤을 때 균형감 있는 문장은 대체로 읽을 때 편안한 느낌을 준다. 이해를 돕기 위해 영어의 '가주어' 개념을 활용해 볼 수 있다. 우리가 익히 알고 있는 것처럼 영어에서 가주어 it's 는 뒤에 이어지는 기나긴 진짜 주어의 길이가 길어서, 앞에 오면 무겁기 때문에 전체적인 문장의 균형을 위해 쓰는 개념이다. 이는 우리가 글에서 리듬을 찾을 때도 마찬가지다. 주어가 동사에 비해 너무 길 경우 독자는 본능적으로 불균형을 느낀다. 가령, 수식어가 너무 많은 경우가 그렇다. 주어를 수식하는 단어가 너무 많아서 정작 진짜 주어는 뒤쪽으로 밀리는 경우. 그 기나긴 주어를 받는 동사는 '~하다.', '~이다.'등으로 주어에 비해 짧을 수밖에 없기 때문으로 오는 문장의 불균형은 읽는 사람의 눈을, 마음을 불편하게 만든다. 그리고 그 불편한 마음은 눈앞의 문장을 이해해 보기 위해서 다시 한번 읽게 만드는 행동으로 이어진다. 그러니까, 한 번 읽어서는 이해가 되지 않는, 가독성 떨어지는 문장이 된다는 것이다.

결국, 중요한 것은 호흡이다.

짧은 문장-긴 문장-짧고 강렬한 표현-다시 긴 문장

이런 식으로, 나만의 문장 호흡을 만들어 가는 것이 중요하다. 나만의 포인트를 찾아낼 수 있다면, 그것이 곧 나만의 문체가 된다. 그러니 만약 지금까지 쓴 글이 있다면 한번 이 리듬감에 주목해서 읽어보기를 추천한다. 너무 긴 문장만 줄줄이 이어지고 있지는 않은지, 반대로 너무 짧은 문장만 단편적으로 이어져서 전체적으로 글이 뚝뚝 끊기는 느낌을 주고 있지는 않은지. 글을 읽다가 문득, 너무나 기나긴 호흡으로 숨이 턱턱 막히지는 않는지 말이다.

#후킹 지점을 배치한다.

가독성을 높이면서 재미를 잃지 않는 방법 중, 가장 요긴하게 쓰이는 것은 바로 '후킹 포인트'를 만드는 것이다. 우선, 후킹의 사전적 정의는 아래와 같다.

hook : 명사 (갈)고리, 걸이; (낚시) 바늘

우리가 익히 알고 있는 동화 피터팬에는 '후크 선장'이 등장한다. 후크 선장은 한쪽 손이 갈고리 모양의 낚싯바늘(hook)로 되어 있어서 후크 선장으로 불린다.

그렇다면 후킹 포인트란 무엇일까?

후킹 포인트란 후크, 즉, 낚싯바늘에서 파생된 개념으로 대중의 시선을 사로잡아서, 마치 낚싯바늘을 혹 건 것처럼 내가 의도한 방향으로 끌어당기는 것을 말한다. 쉽게 말해, 시선을 사로잡는 지점을 '후킹 포인트'라고 한다는 것이다. 후킹 포인트는 창작자라면 모두 인지하고 있어야 할 만큼 중요한 개념이다. 어느 지점에서 내가 전하고자 하는 핵심 메시지를 가장 두드러지게 보여줄 수 있을까. 그것을 끊임없이 고민하면서 그 구간을 의도적으로 배치하는 것이 무엇보다 중요하기 때문이다. 이는 글을 전체적으로 구성하는 것과도 연결된다. 가령, 전체 글을 처음-중간-끝 세 토막으로 나눈다고 가정할 경우, 후킹 포인트를 어디에 배치할지 미리 정하고 글쓰기를 시작하면 좋다.

처음-1-1 / 1-2 / 1-3(후킹) / 1-4
중간-2-1 / 2-2(후킹) / 2-3
끝-3-1(후킹) / 3-2 / 3-3

 이러한 과정을 앞서 언급했던 미괄식 주제 전달법에 응용해 본다면

궁금증을 유발하는 첫 문장
중간
주제를 관통하는 문장(후킹)이 될 것이다.

만약 소설을 쓴다고 가정한다면,

발단(후킹) - 전개 - 위기 -절정(후킹) - 결말이 될 수도 있겠다.

혹은 발단이 아닌 전개나 위기, 절정에 후킹을 배치할 수도 있다.

어디에 후킹을 넣을 것인지는 작가가 배치하기 나름이다.

중요한 건 내가 나의 글에서 어떤 부분을 가장 강조하고 싶은지, 그 강조하고 싶은 구간이 얼마나 매력적인지를 파악하는 것이다. 그리고 무엇보다, 그럴싸한 포장이 아닌 정말로 매력적인 후킹 포인트를 잡기 위해, 그러니까 독자들에게 공감을 받을 수 있는 메시지를 전달하기 위해 작가에게 진정성은 필수다. 독자는 눈치가 빠른 편이어서, 밀당하는 것을 알면서도 눈감아주고 싶을 때와 밀당인 것을 알기 때문에 받아주고 싶지 않은 심리가 공존하는, 아주 복잡하고도 미묘한 인간이니 말이다.

클라이언트도 결국, 사람이다

 지금까지 글쓰기를 이어오면서 내가 진짜 상업 작가가 되었구나, 라고 느꼈던 순간은
 첫 출판 계약서에 도장을 찍었을 때도,
 에세이가 4쇄를 찍어 베스트셀러가 되었을 때도,
 공모전에 수상하게 되었을 때도 아닌
 마감에 대한 압박을 느끼기 시작했을 때였다.

 첫 책을 독립 출판으로 출간했을 때, 솔직히 말하자면 지금처럼 마감일이 딱딱 정해져 있는 것은 아니었다. 말 그대로 독립 출판이었기 때문에 나와의 약속이 더 컸던 것이지 따로 나와 계약을 맺은 클라이언트가 있었던 것은 아니었기 때문이다. 굳이 따지자면 당시 SNS계정에 책을 출간하려고 한다는 게시물을 업로드했기 때문에, SNS 팔로워분들에게 의기양양하게 선포했기 때

문에, 그 약속을 어기고 싶지 않았던 마음이 있었을 뿐. 엄밀히 말하자면 상업적인 의뢰를 받은 상태는 아니었기에, 진정으로 마감을 경험하는 작가는 아니었던 것이다. 이건 RHK와의 두 번째 에세이 출간 준비를 할 때도, 공모전 준비를 할 때도 마찬가지였다. 당시의 나는 마감을 '압박'으로 느끼기보다는 '새로운 도전'이라고 받아들이는 초보 작가였기 때문이다. 그러니까, 마감에 대한 압박을 느낄 만큼의 프로 작가는 아니었던 거다. 그저 새로운 정보를 습득하고 배우는 게 더 급한, 말 그대로 아마추어에 가까운 작가였던 것이다.

곰곰이 생각해 보면 내가 첫 마감 압박을 느꼈던 건 에세이를 출간하고 첫 소설이 공모전에서 작품상을 수상한 이후, 공모전에서 수상한 장편 소설 <당신의 기억을 팔아드립니다.>를 난생처음 완결 냈던 때였던 것 같다. 그때는 정말이지, 도대체 이 지난하게 끌어온 장편 서사를 어떻게 마무리 지어야 하지? 앞에 뿌려놓은 떡밥을 어떻게 회수해야 하지? 라는 압박에 시달리며 나의 부족함을 절감했던 순간이었다. 와, 이거 마무리는 지을 수 있는 건가? 싶은 고통에 입술을 잘근잘근 씹

어먹으며, 24시간 운영하는 동네 카페에서 새벽 2시까지 퀭한 눈으로 이게 제대로 흘러가고 있는 건 맞는지조차 가늠할 수 없는 상태로 그저 마감이라는 압박에 시달리며 되도 않는 문장을 썼다 지웠다를 반복했으니까. 그래서 마침내 마음에 들지 않을지언정 첫 소설을 약 30만 자라는 글자수로 완결을 지었을 때, 나는 말 그대로 '해방감'이 무엇인지 온몸으로, 피부로 느꼈던 것 같다. 그날 이후, 나는 상업적인 마감을 경험해 봐야 진짜 작가로 데뷔한 것이라는 말을 하고 싶은 작가가 되었다. 10년이 지난 지금의 나는 마감이란 무엇인가? 라는 질문에 몹시 해탈한 표정으로 이렇게 답하고는 한다.

애증이라는 감정이 눈에 보이는 단어로 표현될 수 있다면 그건 무조건,
<마감> 이라는 모양일 것이라고.

지금 이 순간에도, 어디선가 마감을 위해 자신의 수명을 깎아 먹고 있을 수많은 작가 지망생, 그리고 상업 작가분에게 애증을 담아 응원을 보낸다. 그런 의미에서

(?) 진정한 작가가 되기 위해 도움이 될 만한 포인트들을 내가 경험한 것을 바탕으로 몇 가지 정리해서 공유해 보고자 한다.

Q : 수정은 얼마나 해야 하나요?
A : 클라이언트와 합의한 마지노선 날짜 직전까지.

 여기서 말하는 '마지노선 날짜'라는 것은 출간 전 며칠을 말하는 것이 아니다. 만약 에세이라면 책의 내지 디자인이 본격적으로 들어가기 직전까지가 될 것이고, 웹소설이라면 이펍(모바일 사이즈로 작업하는 것)제작이 들어가기 전까지가 될 것이다. 웹툰이라면 그림 작가의 콘티 작업이 들어가기 전까지일 것이다. 중요한 건, 상업 작가는 엄밀히 말해 원고 마감 날짜를 자기 마음 대로 정할 수는 없다는 것이다. 그렇기 때문에 서로 원고를 주고받으며 클라이언트가 출간 날짜를 유동성 있게 조율할 수 있는 범위 내에서, 작가 역시 수정 계획을 세워야 한다. 여기서 중요한 건, '여기서 끝내자.'는 단호한 결정을 할 줄 알아야 한다는 것이다. 글쓰기를 포함한 모든 예술을 하는 사람들에게 단호함과 냉정함은 필수다. 끊어야, 또 나아갈 수 있기 때문이다.

Q : 어떻게 하면 끝맺을 순간을 정할 수 있나요?
A : 솔직히 말하자면 글쓰기에 끝이라는 건 없다.

  더 솔직히 말하자면 책 한 권을 다 쓰고, 장편 소설 한 편을 완결 내더라도 과연 그게 정말 끝난 걸까? 라는 생각을 하면 괜히 숙연해지는 순간이 생긴다. **예술은 정답이 없기 때문이고, 선택과 책임만 있기 때문이다.** 그렇기에 더욱이, 창작자의 과감한 선택은 필수다. 그러니까 냉정하고 이성적인 판단을 넣어서, 여기까지 하고 다음으로 넘어가야 한다는 판단력과 결단력을 길러야 한다는 것이다. 우유부단한 사람과 지나치리만큼 완벽주의인 사람이 상업 작가가 되면 괴로워하는 이유가 여기에 있다. 개인적으로는 그 어떤 작품이든, 지지부진하게 끌고 간다 하여 퀄리티가 높아진다고 생각하지 않는다. 글의 경우 외려 맨 처음 쓴 글이 더 좋았다고 느끼게 되는 순간도 있기 때문이다. 실제 이러한 시기에 도달하면 나는 잠시 글쓰기를 멈추라고 권하고 싶다. 판단력이 많이 흐려진 상태일 것이기 때문이다. 그 상태로 아무리 글쓰기를 이어가려고 해봤자 좋은 글은 나오지 않고 그저 맥이 점점 빠지면서, 마감에 대한 압박으로 괴로워할 뿐이다. 그럴 바에는 과감하게 노트북을 덮고 맛있는 음식을 먹고 해가 떨어지면 선선한 바람을 맞으며 산책을 돌며 음악을 듣는 것이 훨씬 이롭다. 모든 일이 그렇듯, 선택에는 책임이 따른다. 그러니 우리는 반드시 선택해야 한다. 어떤 방향으로든 한 번, 두 번, 세 번…. 선택하는 연습을 해야 한다. 끝이 있어야, 또 시작이 가능하니까.

Q : 클라이언트와 커뮤니케이션을 할 때 고려해야 할 부분은 무엇인가요?
A : 사람 사는 건 다 똑같다. 클라이언트의 입장에서 생각해 보는 것, 그것이 출발이라고 생각한다.

커뮤니케이션이라고 말하니 뭔가 거창하게 보일 뿐, 결국 사람과 사람 사이의 소통을 하는 방식을 알고 있다면 별로 어렵지 않은 일이다. 우리가 어떤 사람과 대화를 나눈다고 했을 때를 생각해 보면 된다. 눈앞의 사람이 어떤 사람이든 그 사람을 존중하는 것은 기본이다. 그런데 하물며 내 글을 책으로 만들어주는 사람이라면? 그 사람의 전문성을 존중하고 그들의 선택을 최대한 열린 마음으로 수용할 준비를 해야 한다. 내가 지금까지 허투루 글을 써오지 않은 것처럼 눈앞에 앉아 있는 편집자 역시 허투루 책을 만들어오지 않았을 것이라는 믿음으로. 그래야 존중할 수 있는 파트너가 된다. 내가 상대를 존중하지 않는데 상대가 나를 존중해주길 바라는 것은 어불성설이지 않겠는가. 프로로 대접받고 싶다면 먼저, 함께 일하는 파트너를 프로로 대해야 한다. 그건 감언이설 같은 말 몇 마디로 되는 일이 아니다. 기본적인 마음가짐과 태도에서 나오는 것이라고 생각한다. 우리는 언어만 가지고 소통하는 존재가 아니기 때문이다. 눈빛, 손짓, 말투, 표정과 같은 비언어적인 요소들까지 포함하여, 진짜 존중이 밑바탕에 깔려 있어야 한다. 다만, 이러한 마음가짐이 준비되었다면, '이것만큼은 내 의지대로 하고 싶다.'는 부분이 있다면 어필할 줄도 알아야 한다. 다시 말해서 클라이언트에게 끌려다니지 않되, 클라이언트의 의견을 최대한 수용하는 마음을 지닐 줄 알아야 한다는 것이다. 결국, 클라이언트와의 협업은 밀당과 밸런스 조절이 가장 중요하다. 모든 인간관계와 글쓰기는 맞닿아 있기 때문이다. 밀당이라는 표현이 부정적으로 느껴질 수도 있겠지만, 나는 모든 인간관계에서는 약간의 밀당이 필요하다고 생각하는 사람이다. 계산적으로 행동하겠다는 의미가 아니다. 조율하겠다는 의미에 가깝다. 상대가 원하는 것과 내가 원하는 것 사이의 타협점을 찾아내는 것. 그래야 좋은 결과물이 나온다고 믿기 때문이다. 원래 100% 만족할 수 있는 관계는 없다.

그런 상황도 없다. 만약 당신이 나는 지금 이 관계에 100% 만족한다고 생각하고 있다면 아마 높은 확률로, 상대가 당신에게 100% 맞추고 있기 때문일 것이다. 그러니 그 상대의 입장에서도 한 번쯤 생각을 해봐야 할 필요가 있다. 이는 글쓰기를 할 때에도, 클라이언트와 소통할 때도 마찬가지다. 작가는 기본적으로 고집이 굉장히 세다. 이는 작가뿐만 아니라 모든 예술을 하는 사람들의 공통점이라고도 생각하는데, 문제는 예술은 혼자 하는 일이 아니라는 것이다. 내가 옳다고 믿는 방향을 향해 밀어붙이는 고집이 예술을 하는 데에는 꼭 필요한 덕목이지만 무엇이든 과유불급인 법이다. 자신 혼자만 잘났다고, 내 생각이 늘 옳다고 생각하며 아집

스럽게 일을 밀어붙인다 하여, 그 일이 정말 내가 원하는 방향으로 흘러가 주지는 않기 때문이다. 예술은 사람을 이해해야 지속할 수 있는 일이다. 어떤 분야의 예술을 하든, 사람의 심리를 파악해야 올바른 방향으로 나아갈 수 있는 일이라는 의미다. 왜일까? 답은 간단하다. 예술은 인문학과 맞닿아 있기 때문이고, 인문학은 사람의 마음을 다루는 학문이기 때문이다. 사람 없이 예술은 존재할 수 없다. 그러니 만약 당신이 곧 클라이언트를 만나야 하는 상황에 놓였다면, 아래의 목록들을 체크해 보면 좋을 것이다.

타협할 건 과감하게 타협하되
양보할 수 없는 건 반드시 챙길 것.
단, 그것을 왜 양보할 수 없는지, 클라이언트를 납득할 수 있도록 설득할 것.

그리고 무엇보다, 이 모든 것의 밑바탕에는 상대를 향한 존중이 있을 것.

마감의 늪에서 피어나는 책임

"어머, 글 쓰시는 분이셨구나."

 어디 가서 직업이 작가라고 하면 대부분의 사람들이 놀란 표정을 짓는다. 그럴 때면, 예술이라는 장르가 주는 이미지는 아직 '어떻게 그 일을 직업으로 삼을 생각을 했지?' 쪽에 가까운 것 같다는 생각을 한다. 부정적인 이미지를 준다는 게 아니라, 그만큼 재능의 영역이자 먹고 살기 어려운 직업이라는 이미지가 강하다는 의미다. 그런 이미지 덕분(?)에 예술을 한다고 하면 어떤 사람들은 예술인들을 신비롭고 존경스러운 눈으로 보기도 한다. 그 이면에는 예술을 하는 행위 자체에 대한 동경과 존경도 있겠지만, 먹고살기 어려운 그 일을 용기 있게 선택했다는 것에 대한 일종의 응원이 담겨 있을 거라고 생각한다. 예술은 불안정하고, 편차가 큰 일이니까.

빛 좋은 개살구.

 글을 쓰기 시작한 이후, 나는 작가로 살아가는 사람들을 포함한, 모든 예술을 하는 사람들은 빛 좋은 개살구의 구간을 반드시 지나간다는 생각을 했다. 나는 예술로 먹고사는 것의 어려움을 예쁜 포장지로 둘둘 말아서 그럴싸하게 포장하고 싶지 않다. 창작자는 배고프다. 예술인은 대부분 금색 은색 수저를 입에 물고 태어나지 않은 이상 배고픈 사람들이다. 설령 금색 은색 수저를 입에 물고 태어났다 한들, 내가 하고 있는 예술 자체가 금색 은색이 되는 것은 또 다른 문제다. 예술 한다고 하면 뭔가 머릿속에 든 게 많아 보여서, 왠지 아우라가 느껴지니까, 뭔가 있어 보여, 그런 생각을 할 수도 있겠지만 뚜껑을 열어보면 실은 텅 빈 강정일 때가 많다. 손가락 빨고 있으면서도 겉으로는 차분하고 은은하게 미소 짓고 있는 게 예술을 하는 사람들이다. 그것에 익숙한 사람들이다. 어떨 때 보면 그냥 그렇게 태어난 사람들 같다. 그렇게 해야만 살아남을 수 있다고 믿는 것처럼.

 분명 속이 끓고 있는 게 보이는데, 불안해서 미칠 것 같은 모습이 보이는데, 그런데도 웃는다. 괜찮은 척, 아무렇지 않은 척. 상처 같은 건 한 번도 받아보지 않은 척. 구김살 없이 살아온 사람처럼. 그런데 그 사람이 만든 창작물을 보면 불안하고 아픈 모습들이 고스란히 드러난다. 특히, 글은 훨씬 더 적나라하게 드러난다. 고통과 슬픔, 상처, 그런 게 아무리 숨기려 한들, 퀼트처럼 덕지덕지 엮여 있는 것이 보인다. 그러면 그때야 사람들은 어, 이 사람 마냥 행복한 사람이 아니었나. 내면에 상처가 많은 사람이었나, 한다.

나 역시 그랬으니까.

 10여 년 전, 처음 에세이 출간 기념으로 사비를 들여 작은 카페에서 독자분들을 만나 작은 북콘서트를 열었던 때를 기억한다. 그때 만나게 된 최초의 독자분들은 **첫째, 내가 생각보다 어리다는 것에 놀랐고 둘째, 실제로 만난 내가 굉장히 유쾌하다는 것에 놀랐다.** 첫 에세이를 썼을 당시 내 나이는 20대 초반이었다. 그런데 그 책을 구매한 독자분들의 평균 연령대는 3~40대였다. 많게는 50대분들도 있었다. 당시의 나보다 1.5~2배 가까이 나이 차이가 나는 분들이 내 책을 구매해서 읽어주시며 공감과 위로를 받았다는 메시지를 받았던 것을 생각하면, 그때 썼던 내 글이 결코 어린애가 쓴 글 같지는 않았다는 거다. 게다가 당시의 나는 힘든 시기를 보내며 그때 느꼈던 감정들을 글로 적은 터라, 다소 날카롭고 어두운 글을 쓰기도 했던 시기였다. 그래서 20대 초반의 내가 카페에 앉아 있는 것을 보고, 유쾌하고 유머러스하게 사람들과 농담을 주고받는 모습을 보고, 적잖이 놀란 분들도 많았다. 껍데기는 어린데, 밝고 해맑은 모습인데, 글은 무슨 인생 2회차라도 되는 것처럼, 세상 다 산 것처럼 애늙은이 같다고 느꼈을 것이기 때문이다. 솔직히 말하자면 30대가 된 지금의 내가 당시의 책을 다시 읽어보아도, '이때 어떻게 이런 글을 썼지?'라는 생각이 드는 글들이 있다. 잘 썼다는 의미가 아니다. 20대 초반에 생각하기는 조금 어려운, 나이 든 생각을 했다는 것이 신기하다는 의미다. 한편으로는 또래보다 나이든 생각을 하는 사람이었기 때문에,

실제 나이와 머릿속 나이의 간극에서 오는 힘겨움이 있었겠나는 생각이 들기도 한다. 실제 20대 때의 나는 '빨리 나이를 많이 먹었으면 좋겠다.'라고 생각하며 살았으니까. 내 정신연령에 맞는 나이가 되면 좋겠다, 라고 오만한 생각을 했던 것이다. 웃긴 건 그래봤자 어린애는 어린애였다는 거다. 어떤 글은 세상 다 산 것처럼 보여도 그 안을 또 자세히 들여다보면 20대여야 지닐 수 있는 패기와 공격성, 융통성 없이 고집스러운, 편협한 생각이 고스란히 드러나기 때문이다. 그런 글을 발견할 때면 왠지 모르게 쥐구멍에 숨고 싶은 기분이 들기도 한다. **"어른인 척하기는. 애 주제에."** 그런 생각이 들기 때문이다. 하지만 뭐, 어쩌겠는가. 그때의 나는 그런 복잡하고도 어리숙한 사람이었던 것을. 그리고 실제로 애가 맞았으니 말이다. 그렇다고 지금 이 글을 쓰고 있는 내가 성숙한 사람이냐 하면 그것도 아니다. 단지 내가 어른스러운 사람이 아니라는 것을 인지한, 나이 든 사람이 되었을 뿐. 그러니 아마 훗날, 40대, 50대, 60대가 되었을 때 이 책을 다시 읽어본다면 또 이렇게 말할 것이다. **"어른인 척하기는. 애 주제에."**

지금의 내가 생각하는 어른이란,
상처를 덤덤하게 이야기할 수 있는 사람이다.

 나도 당연히 상처가 많은 사람이다. 그것을 꺼내 보이고 싶은 사람들 앞에서만 드러내기에 타인이 알지 못할 뿐. 그러나 아마, 내 글을 읽은 사람 중 나 같은 사람이 있다면 분명, 저 사람은 살면서 힘든 일을 많이 겪었었나보다, 상처를 받은 기억이 있었나보다, 할 거라 생각 한다. 그게 내 글에도 고스란히 드러나니까. 그래서 나는 글쓰기를 업으로 삼은 것이 참, 행운이었다고 생각한다. 어른이 될 방법을 찾아갈 수 있는 직업을 가졌다는 게, 얼마나 큰 행운인지.

 상처 없는 사람은 세상에 없다. 사람은 다양한 경험과 감정을 겪으며 성장한다. 상처는 그 감정들 중 성장동력의 근원이다. 때로 너무 큰 상처가 삶을 잡아먹어서, 죽고 싶다는 극단적인 생각으로 이어지게 만들기도 하지만, 그건 너무나 마음 아픈 일이지만, 만약 우리가 그 끄트머리에서 다시 삶으로 돌아올 수 있다면, 그 충동을 극복하고 다시 살아갈 수 있다면 그 사람의 삶을 망

가트릴 수 있는 것은 없을 것이다. 그 단단함을 부술 수 있는 것은 없을 것이다 나 역시 그렇게 믿으며 글쓰기를 이어오고 있으니 말이다.

아이러니하게도 창작을 하는 사람들은 어떤 식으로든 배고픔, 외로움, 어려움, 힘듦, 좌절, 난관, 비참함과 같은 어쩌면 어떤 사람은 살면서 느끼지 않고 죽을 수도 있는, 어두운 감정들을 느껴야 보다 더 깊이 있는 예술을 할 수 있다고 생각한다. 삶이 너무 평탄하면 그가 하는 예술이 예쁘게 보일 수는 있겠지만 마음에 탁 와 닿는, 마음을 울리는 메시지를 주기에는 시간이 조금 오래 걸릴 것이라고 생각한다. 앞서 말했듯, 인간은 복잡한 존재이기 때문이다. 재밌는 건, 그렇다고 해서 예술을 업으로 삼은 사람들이 진지하기만 해서는 또 안 된다는 거다. 창작하는 사람들은 그 와중에 순수해야 한다. 순수하고, 철없고, 낭만을 좇으면서 내면에 상처도 많고, 삶이 평탄하지 않은 사람들. 그런 사람들이 예술을 한다. 참 피곤한 일이 아닐 수 없다. 그러니 종종 외딴섬 같은, 군중 속의 고독을 느끼기도 하는 것이다. 당연하게도, 비예술인들의 눈에 예술을 하는 사람들은 어딘가 나사가 조금 빠진 것 같은 느낌을 받을 때가 있을 것이라고 생각한다. 그럴 수밖에 없다. 분명 해맑고 밝고 요즘 보기 드문 순수한 사람인 줄 알았는데. 갑자기 웬 80살 먹은 노인과 이야기를 나누는 것처럼 해탈한 듯, 지나치리만큼 차분하고 철학적인 얘기를 늘어놓기도 하니 말이다. 그런데 그 모든 모습이 다 그 사람들의 모양새다. 하필 직업이 예술인이어서 더 격차가 부각 되어 보일 뿐. 사실 생각해 보면 인간은 모두 양면적인 모습을 지니고 있지 않은가.

그래.
생각해 보면 우리는 모두 모순적인 존재들이다.
그러니 예술 또한 그저 하나의 직업일 뿐이다.
그렇게 보면 우리는 결국 같은 직업인인 것이다.

두 번째 에세이 <외로운 것들에 지지 않으려면>에 수록된 글 중, 많은 분들의 공감을 받았던 글이 있었다. **'먹고 사는 일이 잔인한 이유는 웃고 있어야 하기 때문이다. 마음 놓고 무너질 수 없기 때문이다.'** 라는 짧은 글귀였는데, 당시 공감이 된다는 메시지를 많이 보내

주셨던 기억이 난다.

먹고 사는 일.
삶을 꾸려가는 일.

 이건 누구나 겪는 아주 보통의 일이다. 그저 각자 겪게 되는 에피소드가 달라질 뿐, 큰 범주 안에서 살아가는 것은 모두 비슷하다고 생각한다. 마치 정원을 가꾸듯이, 어떤 씨앗을 뿌리고 어떤 꽃을 심을 것인지 어떤 나무를 키워낼 것인지 저마다 모양이 다를 뿐이다. 예술에는 정답이 없고 선택과 책임만 있을 뿐이라고 말했지만, 생각해 보면 우리의 모든 삶이 그렇다. **삶에 정답이 어디 있겠는가. 그저 나의 선택과 그 선택을 책임질 내가 존재할 뿐이다.** 그 책임감을 짊어지고 한 걸음 한 걸음 뚜벅뚜벅 나만의 길을 만들며 걸어가는 과정이, 삶인 것이다. 이렇게 보니 우리 모두의 삶은 참 예술과 닮았다.

 당신과 나, 우리는 모두 사실,
 아름다운 예술가인 것이다.

5장

글쓰기의 마무리는 에필로그

일상에 글쓰기 습관을 녹이는 방법

코로나가 한창 기승을 부렸을 때, 알베르 카뮈의 <페스트>가 교보문고에서 급작스럽게 베스트셀러 1위에 올라갔던 일을 기억한다.

 어느 날 애정하는 헤밍웨이 작가의 <무기여 잘 있거라>를 읽다가 문득, 당시 카뮈의 페스트가 베스트셀러가 되었던 때가 떠오르면서, 나는 기록의 의미에 대해 생각하게 되었다.

 익히 알려져 있듯 헤밍웨이는 전쟁을 겪으며 당시의 경험을 녹인 작품들을 세상에 많이 남긴 작가인 만큼, 개인적으로는 우리가 기록문학이라고 말하는 르포르타주 문학의 길을 만들어 준 작가 중 한 명이라고 생각한다. 이는 카뮈의 페스트도 마찬가지다. 사람들이 페스트를 코로나라는 새로운 전염병이 돌았을 때 다시 찾게 된 이유 역시 기록문학이 주는 가치와 맞닿아있다고 생각했기 때문이다. 당시 사람들이 페스트를 다시 찾게 된 것은 현실이 주는 불안을 해소하기 위한 행동이었다고 생각한다. 과거의 누군가가 이미 겪었던, 불안을 기록한 텍스트를 읽으면서 간접적으로나마 불안을 마주하고 그를 극복하기 위한 지혜를 얻고 싶은 마음에서 페스트를 다시 찾게 된 것은 아니었을까, 하고 말이다. 그런 의미에서 본다면 지금 어떤 방식으로든 글쓰기를 이어가고 있는 모든 이들에게 지금껏 남겨진, 앞으로 남겨질 모든 텍스트들이 각자의 삶에서 언젠가는 들여다볼 만한 가치 있는 일이 될지도 모른다는 생각이 든다.

지금껏 남겨진,
앞으로 남겨질 텍스트들.
그러한 텍스트들은 언제 쓰는 것이 효율적일까?

북콘서트나 강연 현장에서 "글은 언제 써야 할까요?"라는 질문을 건네면, 대부분의 참여자 분들은 시간을 중심으로 이야기하고는 한다. '이른 아침'이라거나, '잠들기 전'이라거나, '매일 같은 시간대'라거나. 그러면 나는 또 한 번 묻는다. "왜 어떤 시간대를 정해야 한다고 생각하셨어요?"라고. 그러면 갑자기 현장이 고요해진다. '루틴, 습관이라는 게 그런 거니까?' 마치 그런 말을 하는 것 같은 눈빛을 보내면서 말이다. 그러면 나는 계속해서 묻는다. "왜 우리는 글을 쓸 때, 글을 쓸 시간을 만들어야 한다고 생각할까요?" 한참의 침묵 끝에, 어느 한 분이 이렇게 답한다.

"각 잡고 써야 한다고 생각해서?"

 나는 그분에게 격하게 동의한다는 표정을 지으며 이렇게 말한다. "정답입니다."
 그러면 현장에 있던 분들은 공감한다는 듯 고개를 끄덕인다. 책의 도입부에서 언급한 것처럼, 글쓰기가 어렵게 느껴지는 이유는 시간을 내서, 각 잡고 써야 한다고 믿기 때문이다. 그러나 글쓰기를 이어간다는 것은 각 잡고 하는 것이 중요한 것이 아니라 몸에 익히는 것이 중요하다. 앞서 말했듯, 글쓰기는 일종의 스포츠와 같기 때문이다. 글 근력이라는 것 또한, 결국에는 매일매일 꾸준히 해야만 생기는 것이다. 그러니 이 글을 읽었다면, 오늘부터 글쓰기 습관을 바꿔야 한다.

틈이 날 때마다 쓰는 습관으로 말이다.

 일기를 그때그때 휴대폰 메모장에 쓸 수 있는 것처럼, 글쓰기는 틈이 날 때마다 해야 한다.
 출퇴근길 지하철에서, 퇴근 후 맥주를 마시며, 잠들기 전 침대 위에서. 어떤 장소에서 글을 쓰든 중요한 건, 글쓰기를 '각 잡고' 써야 한다는 강박에서 벗어나는 연습이 필요하다는 것이다. 생각은 금방금방 휘발 되어버리기 때문이다. 우리가 인지하지 못할 뿐, 휘발되는 생각들 중 생각보다 많은 것들이 글감이 된다. 그러니 부유물처럼 둥둥 떠다니는 그것들을 최대한 그때그때 붙잡아서 기록하는 습관을 들이다 보면 언젠가 좋은 글감으로 사용된다. 마치 서랍장을 열어 꺼내보듯이 말이다. 나만의 서랍에 메모를 모으는 습관을 들이다 보면 자연스레 글 근육이 늘어난다. 아마 처음은 근육통에 시달릴 것이다. 모든 운동이 그런 것처럼, 처음 근육을 쓰면 당연히 아픈 법이다. 그런데 그 운동을 꾸준히 한다고 생각해 보자. 근육이 조금씩 붙으면서 점점 기록하는 시간이 단축되기 시작할 것이다. 그리고 같은 시간 내에, 보다 더 많은 글감을 모을 수 있게 된다. 그러다 보면 어느새 그 글감들을 모아서 한 권의 책을 쓰게 되는 것이다. 그러니 글 근육을 키우기 위해서는 언제 어디서든 무언가 생각이 떠오르면 그 생각을 붙잡아 바로바로 기록하는 습관을 들이는 것이 무엇보다 중요하다. 멋진 글을 쓰는 것보다 중요한 건 매일 조금씩이라도 쓰는 습관이, 장기적으로 봤을 때 더 많은 성취를 가져다주기 때문이다.

to do list 작성

글쓰기 루틴을 만드는 것만큼 중요한 것은
쓰는 환경, 즉 시스템을 만들어 두는 것이다.

 출간을 해보지 않은 분들이 책을 쓰고 싶은데 어디서부터 시작해야 할지 모르겠다고 생각하는 이유는, 시스템을 만들어 본 적이 없기 때문이다. 중요한 건 글을 쓰는 환경을 만들어 나만의 방식으로 계속 쓰기 위한 전략과 감정을 유지하는 것이다. 그러기 위해서는 글쓰기를 시작하기에 앞서, 전체 목표를 설정하고 그 목표를 실제로 실행했는지 여부를 체크할 수 있는 To do list를 작성하는 것을 추천한다. 아래 표를 워크 페이퍼 삼아 활용해 봐도 좋겠다.

		To do list	
목표	추상적 목표		ex) 인간관계의 회의감을 느끼는 사람들의 공감을 불러일으키는 에세이를 쓰고 싶다.
	구체적 목표		ex) 하루에 한 편씩 인간 관계에 관한 생각을 매일 세 줄 정도의 짤막한 글로 써서 올해 12월까지 약 60꼭지의 글을 완성하고 싶다.
예상 마감 날짜	기획안 마감일	소재 마감	책의 전체적인 콘셉트를 위한 소재를 찾을 마감 날짜를 적어봅니다.
		주제 마감	내가 쓰고자 하는 책을 통해 독자들에게 어떤 메시지를 주고 싶은지 고민하여 마감일자를 정해봅니다.
		구성 마감	책에 각 몇 개의 챕터를 넣을 것인지, 흐름을 어떻게 할 것인지를 고민하여 마감일자를 정해봅니다.
	초고 마감일		책 한 권 분량의 글의 초고를 언제까지 마감할 것인지 목표 날짜를 적어 봅니다.
	퇴고 마감일		투고 가능한 형태로 원고를 편집할 마감 날짜를 적어봅니다.
	투고 마감일		투고처를 리스트업하고 실제 투고를 시작할 예상 날짜를 적어봅니다. (만약 공모전 도전이 목표일 경우 공모전 마감 날짜를 적어둡니다.)
희망 투고처			*출간하고자 하는 책의 특성에 맞는 출판사 투고 메일을 찾아 리스트업합니다.

To do list는 한 권의 책을 완성하는 것을 목표로 실제 출간을 위한 '마감일'을 정하는 것을 목표로 한다.

목표, 예상 마감 날짜, 희망 투고처

위 목록에 맞춰 빈칸을 채워가는 과정을 거치며 글을 쓰는 습관을 들이다 보면, 나만의 글쓰기 시스템을 만들어 갈 수 있다.

먼저, 내가 쓰고자 하는 전체적인 책의 '목표'를 정한다. 이때, 표에 적힌 것처럼 추상적인 목표와 구체적인 목표를 나누어서 적어 보면 좋은데, 글을 쓰고 싶긴 하지만 어디서부터 시작해야 할지 막막할 때, 가벼운 마음으로 가장 추상적인 목표를 먼저 설정해 보고, 그를 바탕으로 구체적으로 그 추상적인 목표를 언제까지 어떻게 실행에 옮길 것인지 생각해 보는 것만으로도 글쓰기의 첫걸음이 된다. 목표를 정했다면, 예상 마감 날짜를 정해본다. 내가 쓴 글을 출간하기 위해서는 기본적으로 출판사에 나의 글을 투고하는 연습을 하는 것이 필요하다. 공모전에 도전하는 방법도 있지만 공모전에서 수상을 하지 못할 경우에는 결국 출판사의 문을 직접 두드리는 투고의 방법을 택해야 하기 때문이다. 이때, SNS에 글을 업로드하는 과정에서 직접 출판사에 동시에 투고를 진행한다면, 다시 말해서 나의 SNS를 미처 발견하지 못한 출판사 편집자님에게 직접 나의 글을 어필하는 방향도 고려한다면 보다 출간의 가능성이 높아질 수 있다. 이때, 표에 있는 것처럼 마감일을 '소재 마감', '주제 마감', '구성 마감'으로 세분화해서 쪼개어 정해두는 방법을 추천한다. 추상적으로 '대충 며칠까지 기획안 전체를 마감하겠다.'고 마감일을 정하는 것보다, 기획안 안에 들어가는 목록들을 세세하게 뜯어서 '언제까지 소재를 찾겠다.', '이후 언제까지는 주제를 찾겠다.' 이런식으로 단계별로 마감일을 상세하게 쪼개면 보다 실질적인 원고 마감일을 지키는 연습을 할 수 있기 때문이다. 이렇게 대략적인 기획안 및 원고, 퇴고 마감일을 정했다면 무엇보다 중요한 건 '투고 마감일'을 정하는 것이다. 아무리 좋은 글을 써도 세상에 나를 드러내는 연습을 하지 않으면 그 글은 일기에 불과한 글이 되기 때문이다. 정리하자면, 본격적으로 글을 쓰기에 앞서 구체적으로 내가 어떤 출판사들에 투고를 도전해 볼 것인지를 정하고, 각 출판사들의 SNS 계정이나 홈페이지에 들어가서 투고를 받는 메일을 찾아 미리 리스트업을 해두면 보다 효율적으로 출간을 위한 준비를 해나갈 수 있다. 투고처를 미리 리스트업 해두는 것만으로도 상업 작가로 데뷔하는 것에 열 걸음은 가까워진다. 어떤 식으로든 내 글을 편집자님에게 보여드려야 출간의 기회도 열릴 테니 말이다.

출간을 위해 준비해야 할 것들

나만의 루틴을 만들어 글 쓰는 습관을 이어가는 데 성공했다면,
이제는 직접 출판사의 문을 두드리는 연습을 할 때다. 그리고 우리는 이를 '투고'라 부른다.

투고 (投稿)
명사 : 의뢰를 받지 아니한 사람이 신문이나 잡지 따위에 실어 달라고 원고를 써서 보냄. 또는 그 원고.

투고란, 출판사에 내 원고를 써서 보내는 행위를 말한다. 출판사에서 출간 제의를 받지 않는 한 결국 예비 작가가 어떤 식으로든 출판사의 문을 두드려야 한다.

그렇다면 투고를 위해서는 어떤 것들이 필요할까?

앞서 공모전 도전기를 통해 말했던 것과 마찬가지로 투고 역시 각 출판사들마다 원하는 투고 양식이 다르다. 다만 공통적으로 요구하는 게 있다면, 그건 바로 '기획안'이다. 기획안이란 쉽게 말해서 '내 작품을 출간하고 싶게 만드는, 일종의 광고물'이라고 볼 수 있다.

우리가 모 출판사의 편집자라고 상상해 보자. 하루에도 수십 건의 투고 메일을 받는 편집자에게 원고를 일일이 읽는 것은 업무의 일환이기도 하지만 시간이 꽤 많이 드는 과정일 것이다. 그렇기 때문에, 편집자는 원고를 보기 전 책의 전체적인 콘셉트와 방향성을 파악하기를 원한다. 그리고 그 방향성을 소개할 수 있는 것이 바로 '기획안'이 된다. 해서 만약 상업 작가로의 데뷔가 목표라면, 본격적인 원고 작업에 들어가기 전 기획안을 먼저 작성하는 연습을 하는 것이 좋다. 그러나 하루아침에 번듯한 기획안을 쓴다는 것은 쉽지 않은 일이다. 기성 작가와 경험이 풍부한 편집자 역시, 기획안을 쓰는 단계에서 가장 고민을 많이 한다. 기획안이란 결국 책의 전반적인 방향성을 설계하는 일이기 때문이다. 그래서 만약 기획안을 태어나 처음 써본다면 기획안을 쓰기에 앞서 기획안에 들어가는 항목들을 위한, 나만의 기획인 체그리스트 작업을 초아 삼아 작업해 본 후에, 그것을 바탕으로 투고용 기획안을 작업해 보기를 추천하고 싶다. 아래는 내가 실제로 기획안을 쓰기 전 고려하는 목록들을 리스트업한 것이다.

기획안 준비 리스트업

소재	만약의 법칙을 활용하여 찾은 책의 중심 소재를 적어봅니다.	
주제	책을 통해 전하고 싶은 중심 메시지를 적어 봅니다.	
기획 의도	이 책이 왜 필요한지에 대해 설득하는 글을 적어봅니다.	
주요 타겟층	**메인 타겟**	ex) 퇴사하고 1인 인플루언서가 되어 프리랜서로 월급 이상의 돈을 벌기를 희망하는 30대 여성 직장인
	서브 타겟	ex) 직장을 다니면서 N잡으로 용돈 벌이를 하고 싶어하는 사람들
예상 목차	ex) 가상 목차를 적어봅니다.	
가제	ex) 책의 가제는 소재와 주제, 목차까지 대략적으로 완성이 된 이후에 적어봅니다.	
한 줄 소개글	ex) 내가 책을 판매한다고 상상하고 사람들에게 이 책을 가장 잘 어필할 수 있는 한 문장의 소개글을 적어 봅니다.	
저자 소개글	ex) 이 책의 콘셉트와 맞아 떨어지는 저자의 경험을 녹여 소개글을 적어봅니다.	

위 워크페이퍼는 기획안 작성 시 포함되어야 하는 목록들을 정리한 것이다. 기획안 양식은 정해진 것은 없지만 보통 위의 목록들을 고려하여 작업하게 되는데, 위 목록의 순서는 의식의 흐름을 따라 작업하기 좋게 배열한 것이지, 편집자의 관점에서 읽기 편한 순서대로 작업한 것이 아니기 때문에, **실제 기획안을 쓸 때는 "저자 프로필-제목-부제목-기획 의도-주요 타겟층-예상 목차" 순서대로 작성하는 것이 좋다.**

위 리스트업의 순서대로 소재와 주제를 정했다면, 다음으로는 기획 의도를 생각해야 한다. 기획 의도란 쉽게 말해 "이 책이 왜 필요한지 설득하는 글"을 적는 것으로, 이 책이 왜 출간되어야 하는지, 어떤 사람들에게 어떤 도움을 줄 수 있는지 등을 편집자에게 어필하는 것을 목표로 해야 한다. 그러기 위해서는 '시장 조사'가 필수다. 예컨대 내가 '사랑 에세이'를 쓰려고 한다고 가정한다면, 온/오프라인 서점에서 나와 비슷한 주제와 콘셉트를 가진 에세이들을 서치하고 그 책들의 소개글을 찾아 레퍼런스 삼아 소개글을 써 보는 연습이 필요하다. 그 과정에서 독자들이 원하는 것을 파악해 볼 수 있으며, 더 나아가 편집자들이 원하는 출간 하고 싶은 책의 방향성을 들여다볼 수 있기 때문이다. 기획 의도를 생각하다 보면 자연스레 내가 이 책을 팔고 싶은 타겟층을 정하게 되는 순간이 온다. 이때, 메인 타겟과 서브 타겟층을 나누어서 생각해 보면 좋은데, 메인 타겟의 경우에는 보다 좁은 범위의 타겟으로 서브 타겟보다 상세하고 구체적인 타겟층을 설정하는 것을 추천한다. 메인 타겟을 얼마나 구체적으로 설정하느냐에 따라서 책의 콘셉트와 방향성도 명확해지기 때문이다. 다만 우리가 책을 메인 타겟층에게만 판매하는 것은 아니기 때문에, 그보다 조금 넓은 범위의 서브 타겟을 함께 설정하여 보다 책을 판매할 수 있는 시장을 넓히는 것이 좋다.

주요 타겟층까지 결정했다면 책의 내용을 구성하는 시간이 필요하다. 실제 원고를 작업하기에 앞서 러프하게나마 예상되는 목차를 작업해서 책의 전반적인 구조를 세팅해야 하는데, 이때, 대략 4~5개의 꼭지를 잡아 소제목을 써보는 것을 추천한다. 이 역시, 온/오프라인 서점에서 내가 출간하고자 하는 책과 비슷한 콘

섭트의 책을 찾아서 목차를 훑어보는 것을 추천하고 싶다. 생각보다 많은 영감을 얻을 수 있을 것이다.

'가제'는 비교적 나중에 정하는 것을 추천한다. 보통 일반적인 기획안에는 '제목(가제)'을 가장 첫 번째로 쓰는 것이 좋다. 다만, 실제 글을 쓰는 과정에서 처음부터 완벽한 제목을 설정하는 것이 쉽지 않기 때문에, 가제의 경우에는 위 기획안 준비 리스트업 표에 적힌 순서대로 소재와 주제, 기획 의도와 주요 타겟층, 대략적인 예상 목차까지 작업을 완료한 후에 그것들을 아우를 만한 제목을 찾아보는 것이 처음부터 제목을 찾으려 하는 것보다 수월하다. 이때, 제목과 함께 생각하면 좋은 것이 '한 줄 소개글'인데, 이는 책의 부제목 혹은 띠지에 들어갈 소개글이 될 수 있는 글로, 내가 실제로 책을 판매한다고 상상하고 사람들에게 이 책을 가장 잘 어필할 수 있는 글을 한 문장으로 적어 보는 것이 포인트다. 한 줄 소개글을 얼마나 매력적으로 뽑느냐에 따라서, 내가 실제 원고를 어떤 방향으로 작업해야 하는지도 결정되기 때문이다.

여기까지 작업을 마쳤다면, 나를 독자들에게 소개할 '소개글'을 작업하면 도움이 된다. 이때 중요한 것은 책과 밀접하게 관련이 있는 경험을 녹여서 작성하는 것이다. 예를 들어, 내가 사랑 에세이를 쓰기로 결정했다면, 나와 관련된 많은 부분 중에서도 내가 경험한 사랑에 대한, 나에게 사랑이란 무엇인지와 같은 책의 콘셉트와 맞아떨어지는 소개글을 작성해야 한다는 것이다. 그래야 독자들 역시 '이 작가가 생각하는 사랑이란 무엇인지 에세이를 통해 더 알아보고 싶다.'는 마음이 들 것이기 때문이다. 나를 어떻게 소개하느냐에 따라서 독자뿐 아니라 편집자 역시 '이 작가가 쓰는 사랑 글귀를 모아 출간해 보고 싶다.'는 마음으로 이어질 것이다.

에필로그 : 포기할 바엔 시작할래

 2015년의 어느 날 처음으로 출퇴근길에 휴대폰 메모장에 일기를 쓰기 시작한 이후, 올해로 어언 10년에 가까운 시간이 흘렀습니다. 출판의 출자도 몰랐던 시절의 저에게 글을 쓰는 일은 그저 흥미로운 일이었고, 공모전에 도전하며 조금씩 장르를 확장해 나가던 저에게 글쓰기는 두려움의 대상이었습니다. 어느새 다양한 장르의 글을 쓰며 상업 작가로 활동하고 있는 지금의 저에게 글을 쓴다는 것은 무거운 책임이 동반하는 일이자, 일생에 동반자를 만난 것 같은 일이 되었습니다.

 동반자라는 말이 얼마나 귀하고 무거운 말인지, 실제 평생의 반려자를 만나신 분이라면, 혹은 현재 동반자로 삼고 싶을 만큼 사랑하는 사람이 있는 분이라면, 저에게 글이라는 것이 어떤 의미인지 짐작하시리라 생각됩니다. 글은 저에게 사랑하는 사람이자, 노력 없이는 관계를 유지할 수 없는 존재입니다. 모든 인간관계가 어려운 이유는 끊임없이 부딪치고, 대화를 하며 노력해야 하기 때문이라고 생각하는데요. 글쓰기 역시 마찬가지라고 생각합니다. 끊임없이 고민하고, 들여다봐 주고, 몇 번이고 내가 세상에 내놓은 글과 대화를 나누어야 하거든요. 감히 확신 하건대, 수십, 수백 년 글을 쓴 분일지라도 '글쓰기는 노력 없이는 오래도록 지속할 수 없다.'는 말에 고개를 끄덕이실 수밖에 없을 것이라 생각합니다. 저 역시, 글을 쓰면 쓸수록 이 생각을 거듭하게 될 것이라 확신하니까요. 그래서 저는 이 책을 읽고 계신 여러분들이 어떤 위치에 있는 분들이건 간에, 무한의 응원을 드리고 싶습니다. 글을 쓴다는 것은 원래 한 사람을 사랑하는 것만큼이나 벅차고 또 그만큼 조심스러우며, 잃지 않기 위해 애를 써야 하는 만큼 어려운 일이니 말입니다. 그리고 이 책을 읽고 있다는 것은 그만큼 글쓰기와 친해지고 싶은 분들이며, 그를 위해 나름의 노력을 하고 계시는 분들이라고 생각됩니다. 저 역시 맨땅에 헤딩하며 글을 써오는 내내 어떻게든 조금이라도 성장하고 싶어서 열심히 공부했었고, 지금도, 앞으로도 그럴 예정이거든요. 그러니 막막한 순간이 찾아오더라도 좌절하거나 포기하지 않으셨으면 좋겠습니다.

 이번 에세이를 쓰면서 저 자신도 잘 알지 못했던 저에 대해 알아가는 기분이 들어 조금, 낯선 기분을 느끼는 순간이 많았습니다. 나는 생각보다 진중한 사람이었구나, 세상을 관찰하는 것을 평소 생각했던 것보다 훨씬 더, 좋아하는 사람이었구나. 그리고 무엇보다, 따뜻한 순간을 눈에 담을 때 마음이 부자가 되는 사람이구나, 그런 생각들이 저를 종종 깊은 상념에 잠기게 만들더라고요. 지금껏 저는 굉장히 제가 현실적인 사람이라고 생각하며 살아왔는데, 어쩌면 현실적인 사람이었기에 순수한 순간과 장면을 동경했을지도 모른다는 생각이 듭니다. 비록 나는 순수한 사람은 아니지만 아직 세상 곳곳에는 순수한 순간들이 있다고, 그런 순간들을 발견하게 된다면 그 순간을 남겨서 사는 게 힘든 어느 날 꺼내 읽어보며 또다시 힘을 얻고 싶다고, 그런 생각을 하며 지금껏 글쓰기를 이어왔을지도 모른다고요.

 책을 만드는 내내 순수와 낭만에 대해 생각했습니다.

탁한 세상 속에서 그들이 주는 힘에 대해서도요. 그 사랑스러운 기운들을 잊어버리지 않기 위해서라도 저는 앞으로도, 계속해서 글쓰기를 이어가야겠다고, 세상을 관찰하는 즐거움을 잊지 않아야겠다고 생각했습니다.

흔히 성장 그래프를 계단모양에 비유하고는 하잖아요. 글을 쓰는 행위 역시 마찬가지라고 생각 합니다. 한번 수직상승을 경험했다면, 이후에는 반드시 평평한 구간인 정체기가 찾아오거든요. 그리고 대부분의 사람들이 정체기를 견디지 못하고 포기하곤 합니다. 오히려 하강하고 있다고 생각하면서 말이에요. 하지만 저는 그렇지 않다고 말씀드리고 싶어요. 여러분이 현재 정체기에 봉착해 '내리막길로 내려가고 있다.'고 느끼신다면 그건, 여러분이 그만큼 성장했기 때문에 눈이 높아져서 그렇게 착각하고 계신 것이라고요.

글을 쓰는 일에 내리막길은 없습니다. 그저 평지를 오래도록 걷고 있을 뿐이에요. 포기하지 않고 계속해서 걸어가다 보면 반드시, 두 번째 오르막길이 나타날 거예요. 그리고 그 오르막길을 오르고 나면, 또 다른 세상이 눈 앞에 펼쳐질 겁니다. 저 역시, 여전히 평지를 걷는 마음으로 매일 조금씩, 걸어가고 있거든요.

이번 에세이는 힘들었던 시절에 대한 깊은 회고이자, 그때보다는 조금 단단해진 지금의 제가 그때의 저에게 보내는 조용한 응원이기도 합니다. 한 가지 소망이 있다면, 이 글이 어딘가에서 힘든 시기를 보내고 있을 누군가에게 닿아 아주 작은 희망이 되어주길 바라고 있다는 거예요.

막막한 순간에는 평평한 바닥에 주저 앉아 잠시 숨을 고르고 쉬었다 가셔도 괜찮아요. 그리고 다시 일어설 때, 스스로에게 이렇게 말해주셨으면 좋겠습니다. "내가 아니면 누가 해." 라고요. 여러분의 손에서, 마음에서 태어난 글은 여러분 만이 마무리 지을 수 있어요. 그 자부심을 잊지 않으셨으면 좋겠습니다.

life goes on.
어떤 식으로든, 삶은 계속될 테니까요.

지나칠 바엔 기록할래

초판 1쇄 인쇄 2025년 8월 18일
초판 1쇄 발행 2025년 8월 18일

지은이 강송희

디자인 포레스트 웨일
펴낸이 포레스트 웨일
펴낸곳 포레스트 웨일
출판등록 제2021-000014 호
주소 충청남도 아산시 탕정면 용머리길 40 유니콘101 216호
전자우편 forestwhalepublish@naver.com

종이책 979-11-94741-37-4

ⓒ 포레스트 웨일 | 2025
- 이 책은 저작권법에 의하여 보호받는 저작물이므로 무단 전재와 복제를 금합니다.
- 이 책 내용의 전부 또는 일부를 이용하려면 사전에 저작권자와 포레스트 웨일의 서면 동의를 얻어야 합니다.

작가님들과 함께 성장하는 출판사
포레스트 웨일입니다.
작가님들의 소중한 원고를 받고 있습니다.
forestwhalepublish@naver.com